제1장 국토의 계획 및 이용에 관한 법률

[용어정의]

01

'광역도시계획'이라 ... 장기발전방향을 제시하는 계획을 말한다.

02

'도시·군계획'이라 함은 특별시·광역시·특별자치시·특별자치도·시 또는 군(광역시의 관할 구역 안에 있는 군을 제외한다)의 관할 구역에 대하여 수립하는 공간구조와 발전방향에 대한 계획으로서 도시·군기본계획과 도시·군관리계획으로 구분한다.

03

'도시·군기본계획'이라 함은 특별시·광역시·특별자치시·특별자치도·시 또는 군의 관할 구역에 대하여 기본적인 공간구조와 장기발전방향을 제시하는 종합계획으로서 도시·군관리계획수립의 지침이 되는 계획을 말한다.

04

'도시·군계획시설사업'이라 함은 도시·군 계획시설을 설치·정비 또는 개량하는 사업을 말한다.

05

'도시·군계획사업'이라 함은 도시·군관리계획을 시행하기 위한 사업으로서 도시·군 계획시설사업, 「도시개발법」에 의한 도시개발사업 및 「도시 및 주거환경정비법」에 따른 정비사업을 말한다.

06

광역도시계획이 수립되어 있는 지역에 대하여 수립하는 도시·군기본계획은 그 광역도시계획에 부합되어야 하며, 도시·군기본계획의 내용이 광역도시계획의 내용과 다를 때에는 광역도시계획의 내용이 우선한다.

07

"공간재구조화계획"이란 토지의 이용 및 건축물이나 그 밖의 시설의 용도·건폐율·용적률·높이 등을 완화하는 용도구역의 효율적이고 계획적인 관리를 위하여 수립하는 계획을 말한다.

08

"도시혁신계획"이란 창의적이고 혁신적인 도시공간의 개발을 목적으로 도시혁신구역에서의 토지의 이용 및 건축물의 용도·건폐율·용적률·높이 등의 제한에 관한 사항을 따로 정하기 위하여 공간재구조화계획으로 결정하는 도시·군관리계획을 말한다.

09

성장관리계획구역에서의 난개발을 방지하고 계획적인 개발을 유도하기 위하여 수립하는 계획은 "성장관리계획"이다.

10

기반시설이 부족할 것이 예상되나 기반시설의 설치가 곤란한 지역을 대상으로 건폐율 또는 용적률을 강화하여 적용하기 위하여 지정하는 것은 개발밀도관리구역이다.

[광역도시계획]

01

광역도시계획 및 도시·군계획은 국가계획에 부합되어야 하며, 광역도시계획 또는 도시·군계획의 내용이 국가계획의 내용과 다를 때에는 국가계획의 내용이 우선한다.

02

광역계획권은 인접한 둘 이상의 특별시·광역시·특별자치시·특별자치도·시 또는 군의 관할 구역의 전부 또는 일부를 대통령령이 정하는 바에 따라 지정할 수 있다.

03

광역시설의 배치·규모·설치에 관한 사항은 광역도시계획의 내용에 포함된다.

04

광역계획권이 둘 이상의 특별시·광역시·특별자치시·도 또는 특별자치도('시·도')의 관할 구역에 걸쳐 있는 경우에는 국토교통부장관이 광역계획권을 지정한다.

05

국토교통부장관은 광역계획권을 지정하거나 변경하려면 관계 시·도지사, 시장 또는 군수의 의견을 들은 후 중앙도시계획위원회의 심의를 거쳐야 한다.

06

광역계획권이 도의 관할 구역에 속하여 있는 경우에는 도지사가 광역계획권을 지정한다.

07

도지사가 광역계획권을 지정하거나 변경하려면 관계 중앙행정기관의 장, 관계 시·도지사, 시장 또는 군수의 의견을 들은 후 지방도시계획위원회의 심의를 거쳐야 한다.

08

중앙행정기관의 장, 시·도지사, 시장 또는 군수는 국토교통부장관이나 도지사에게 광역계획권의 지정 또는 변경을 요청할 수 있다.

09

광역계획권이 같은 도의 관할 구역에 속하여 있는 경우에는 관할 시장 또는 군수가 공동으로 광역도시계획을 수립하며, 광역계획권이 둘 이상의 시·도의 관할 구역에 걸쳐 있는 경우에는 관할 시·도지사가 공동으로 광역도시계획을 수립한다.

10

광역계획권을 지정한 날부터 3년이 지날 때까지 관할 시장 또는 군수로부터 광역도시계획의 승인 신청이 없는 경우에는 관할 도지사가 광역도시계획을 수립한다.

11

국가계획과 관련된 광역도시계획의 수립이 필요한 경우나 광역계획권을 지정한 날부터 3년이 지날 때까지 관할 시·도지사로부터 광역도시계획의 승인 신청이 없는 경우에는 국토교통부장관이 광역도시계획을 수립한다.

12

국토교통부장관은 시·도지사가 요청하는 경우와 그 밖에 필요하다고 인정되는 경우에는 관할 시·도지사와 공동으로 광역도시계획을 수립할 수 있다.

13

도지사는 시장 또는 군수가 요청하는 경우와 그 밖에 필요하다고 인정하는 경우에는 관할 시장 또는 군수와 공동으로 광역도시계획을 수립할 수 있으며, 시장 또는 군수가 협의를 거쳐 요청하는 경우에는 단독으로 광역도시계획을 수립할 수 있다(이 경우 국토교통부장관의 승인을 받지 아니한다).

14

국토교통부장관, 시·도지사, 시장 또는 군수가 기초조사정보체계를 구축한 경우에는 등록된 정보의 현황을 5년마다 확인하고 변동사항을 반영하여야 한다.

15

국토교통부장관, 시·도지사, 시장 또는 군수는 광역도시계획을 수립 또는 이를 변경하고자 하는 때에는 미리 공청회를 열어 주민 및 관계전문가 등으로부터 의견을 들어야 하며, 공청회에서 제시된 의견이 타당하다고 인정하는 때에는 이를 광역도시계획에 반영하여야 한다.

16

광역도시계획을 위한 공청회를 개최하려면 해당 광역계획권에 속하는 특별시·광역시·특별자치시·특별자치도·시 또는 군의 지역을 주된 보급지역으로 하는 일간신문에 공청회 개최예정일 14일 전까지 1회 이상 공고하여야 한다.

17

시 · 도지사는 광역도시계획을 수립하거나 변경하려면 일정한 서류를 첨부하여 국토교통부장관의 승인을 얻어야 한다. 다만, 시장 또는 군수가 협의를 거쳐 요청하여 단독으로 도지사가 수립하는 광역도시계획은 그러하지 아니하다.

18

시장 또는 군수는 광역도시계획을 수립하거나 변경하려면 도지사의 승인을 받아야 한다.

[도시 · 군기본계획]

01

특별시장 · 광역시장 · 특별자치시장 · 특별자치도지사 · 시장 또는 군수는 관할 구역에 대하여 도시 · 군기본계획을 수립하여야 한다.

02

「수도권정비계획법」의 규정에 의한 수도권에 속하지 아니하고 광역시와 경계를 같이하지 아니한 시 또는 군으로서 인구 10만명 이하인 시 또는 군은 도시 · 군기본계획을 수립하지 아니할 수 있다.

03

도시·군기본계획 입안일부터 5년 이내에 토지적성평가를 실시한 경우에는 토지적성평가를 하지 아니할 수 있다.

04

특별시장 · 광역시장 · 특별자치시장 · 특별자치도지사 · 시장 또는 군수가 기초조사정보체계를 구축한 경우에는 등록된 정보의 현황을 5년마다 확인하고 변동사항을 반영하여야 한다.

05

시장 또는 군수는 도시 · 군기본계획을 수립하거나 변경하려면 일정한 서류를 첨부하여 도지사의 승인을 받아야 한다.

06

국토교통부장관이 도시 · 군기본계획의 수립기준을 정할 때에는 여건변화에 탄력적으로 대응할 수 있도록 포괄적이고 개략적으로 수립하도록 하여야 한다.

07

특별시장 · 광역시장 · 특별자치시장 · 특별자치도지사 · 시장 또는 군수는 5년마다 관할 구역의 도시 · 군기본계획에 대하여 그 타당성 여부를 전반적으로 재검토하여 정비하여야 한다.

08

특별시장 · 광역시장 · 특별자치시장 · 특별자치도지사 · 시장 또는 군수는 도시 · 군기본계획의 내용에 우선하는 광역도시계획의 내용 및 도시 · 군기본계획에 우선하는 국가계획의 내용을 도시 · 군기본계획에 반영하여야 한다.

[도시 · 군관리계획]

01

도시 · 군관리계획의 구체적 내용은 다음과 같다.

> ① 용도지역 · 용도지구의 지정 또는 변경에 관한 계획
> ② 개발제한구역 · 시가화조정구역 · 도시자연공원구역 · 수산자원보호구역의 지정 또는 변경에 관한 계획
> ③ 기반시설의 설치 · 정비 또는 개량에 관한 계획
> ④ 도시개발사업이나 정비사업에 관한 계획
> ⑤ 지구단위계획구역의 지정 또는 변경에 관한 계획과 지구단위계획의 수립 및 변경
> ⑥ 도시혁신구역의 지정 또는 변경에 관한 계획과 도시혁신계획
> ⑦ 복합용도구역의 지정 또는 변경에 관한 계획과 복합용도계획
> ⑧ 도시 · 군계획시설입체복합구역의 지정 또는 변경에 관한 계획

02

도시 · 군관리계획은 광역도시계획 및 도시 · 군기본계획에 부합되어야 한다.

03

주민(이해관계자를 포함한다)은 다음의 사항에 대하여 도시·군관리계획을 입안할 수 있는 자에게 도시·군관리계획의 입안을 제안할 수 있다. 이 경우 제안서에는 도시·군관리계획도서와 계획설명서를 첨부하여야 하며, 입안을 제안받은 자는 그 처리 결과를 제안자에게 알려야 한다.

> ① 기반시설의 설치·정비 또는 개량에 관한 사항(토지 면적의 5분의 4 이상 동의−국공유지 제외)
> ② 지구단위계획구역의 지정 및 변경과 지구단위계획의 수립 및 변경에 관한 사항(토지 면적의 3분의 2 이상 동의−국공유지 제외)
> ③ 개발진흥지구 중 공업기능 또는 유통물류기능 등을 집중적으로 개발·정비하기 위한 산업·유통개발진흥지구의 지정 및 변경에 관한 사항(토지 면적의 3분의 2 이상 동의−국공유지 제외)
> ④ 제37조에 따라 지정된 용도지구 중 해당 용도지구에 따른 건축물이나 그 밖의 시설의 용도·종류 및 규모 등의 제한을 지구단위계획으로 대체하기 위한 용도지구(토지 면적의 3분의 2 이상 동의−국공유지 제외)
> ⑤ 도시·군계획시설입체복합구역의 지정 및 변경과 도시·군계획시설입체복합구역의 건축제한·건폐율·용적률·높이 등에 관한 사항(토지 면적의 5분의 4 이상 동의−국공유지 제외)

04

도시·군관리계획의 입안의 제안을 받은 자는 제안일로부터 45일 이내에 도시·군관리계획입안에의 반영 여부를 제안자에게 통보하여야 한다. 다만, 부득이한 사정이 있는 경우에는 1회에 한하여 30일을 연장할 수 있다.

05

도시·군관리계획의 입안을 제안받은 자는 제안자와 협의하여 제안된 도시·군관리계획의 입안 및 결정에 필요한 비용의 전부 또는 일부를 제안자에게 부담시킬 수 있다.

06

단위 도시·군계획시설부지 면적의 5퍼센트 미만의 경미한 변경인 경우에는 기초조사 등을 생략하고 도시·군관리계획을 입안할 수 있다.

07

도시·군관리계획으로 입안하려는 지역이 도심지에 위치하거나 해당 지구단위계획구역 안의 나대지면적이 구역면적의 2퍼센트에 미달하는 경우에는 기초조사, 환경성 검토, 토지적성평가 또는 재해취약성분석을 하지 아니할 수 있다.

08

도시·군관리계획 입안일부터 5년 이내에 토지적성평가를 실시한 경우에는 토지적성평가를 실시하지 않을 수 있다.

09

도시·군관리계획 입안일부터 5년 이내에 재해취약성분석을 실시한 경우에는 재해취약성분석을 실시하지 않고 도시·군관리계획을 입안할 수 있다.

10

도시·군관리계획의 입안에 관하여 주민의 의견을 청취하고자 하는 때에는 해당 자치단체의 인터넷 홈페이지 등에 공고하고 도시·군관리계획안을 14일 이상 일반이 열람할 수 있도록 하여야 한다.

11

도시·군관리계획의 입안권자는 제출된 의견을 도시·군관리계획안에 반영할 것인지 여부를 검토하여 그 결과를 열람기간이 종료된 날부터 60일 이내에 당해 의견을 제출한 자에게 통보하여야 한다.

12

국방상 또는 국가안전보장상 기밀을 지켜야 할 필요가 있는 사항(관계 중앙행정기관의 장의 요청이 있는 것에 한한다)이거나 경미한 사항의 변경인 경우에는 주민의 의견청취를 생략하고 입안할 수 있다.

13

시장 또는 군수가 입안한 지구단위계획구역의 지정·변경과 지구단위계획의 수립·변경에 관한 도시·군관리계획은 시장 또는 군수가 직접 결정한다.

14

개발제한구역의 지정 및 변경에 관한 도시 · 군관리계획은 국토교통부장관이 결정한다.

15

수산자원보호구역의 지정 및 변경에 관한 도시 · 군관리계획은 해양수산부장관이 결정한다.

16

시 · 도지사가 지구단위계획을 결정하려면 대통령령으로 정하는 바에 따라 「건축법」 제4조에 따라 시 · 도에 두는 건축위원회와 도시계획위원회가 공동으로 하는 심의를 거쳐야 한다.

17

도시 · 군관리계획 결정의 효력은 지형도면을 고시한 날부터 발생한다.

18

도시 · 군관리계획결정 당시 이미 사업이나 공사에 착수한 자(이 법 또는 다른 법률에 따라 허가 · 인가 · 승인 등을 받아야 하는 경우에는 그 허가 · 인가 · 승인 등을 받아 사업이나 공사에 착수한 자를 말한다)는 그 도시 · 군관리계획결정에 관계없이 그 사업이나 공사를 계속할 수 있다.

19

시가화조정구역 또는 수산자원보호구역의 지정에 관한 도시 · 군관리계획결정이 있는 경우에는 도시 · 군관리계획결정의 고시일로부터 3월 이내에 그 사업 또는 공사의 내용을 관할 특별시장 · 광역시장 · 특별자치시장 · 특별자치도지사 · 시장 또는 군수에게 신고하고 그 사업 또는 공사를 계속할 수 있다.

20

시장(대도시 시장은 제외한다)이나 군수는 지형도에 도시 · 군관리계획(지구단위계획구역의 지정 · 변경과 지구단위계획의 수립 · 변경에 관한 도시 · 군관리계획은 제외한다)에 관한 사항을 자세히 밝힌 도면("지형도면")을 작성하면 도지사의 승인을 받아야 한다.

21

지형도면의 승인 신청을 받은 도지사는 그 지형도면과 결정 · 고시된 도시 · 군관리계획을 대조하여 착오가 없다고 인정되면 30일 이내에 그 지형도면을 승인하여야 한다.

22

특별시장 · 광역시장 · 특별자치시장 · 특별자치도지사 · 시장 또는 군수는 5년마다 관할 구역의 도시 · 군관리계획에 대하여 대통령령으로 정하는 바에 따라 그 타당성 여부를 전반적으로 재검토하여 정비하여야 한다.

23

국토교통부장관, 시 · 도지사, 시장 또는 군수는 도시 · 군관리계획을 조속히 입안하여야 할 필요가 있다고 인정되는 때에는 광역도시계획 또는 도시 · 군기본계획을 수립하는 때에 도시 · 군관리계획을 함께 입안할 수 있다.

24

주민(이해관계자를 포함한다)은 다음의 용도구역 지정을 위하여 공간재구조화계획 입안권자에게 공간재구조화계획의 입안을 제안할 수 있다. 이 경우 제안서에는 공간재구조화계획도서와 계획설명서를 첨부하여야 한다.

> ㉠ 도시혁신구역 및 도시혁신계획
> ㉡ 복합용도구역 및 복합용도계획
> ㉢ 도시 · 군계획시설입체복합구역(㉠ 또는 ㉡과 함께 구역을 지정하거나 계획을 입안하는 경우로 한정한다)

25

공간재구조화계획의 입안을 제안하려는 자는 다음 각 호의 구분에 따라 토지소유자의 동의를 받아야 한다. 이 경우 동의 대상 토지 면적에서 국유지 및 공유지는 제외한다.

㉠ 도시혁신구역 또는 복합용도구역의 지정을 제안하는 경우: 대상 토지면적의 3분의 2 이상
㉡ 입체복합구역의 지정을 제안하는 경우(법 제35조의2제1항제3호에 따라 도시혁신구역 또는 복합용도구역과 함께 입체복합구역을 지정하거나 도시혁신계획 또는 복합용도계획과 함께 입체복합구역 지정에 관한 공간재구조화계획을 입안하는 경우로 한정한다): 대상 토지면적의 5분의 4 이상

26

법 제35조의3제1항에 따른 제안을 받은 국토교통부장관(수산자원보호구역의 경우 해양수산부장관을 말한다), 시·도지사, 시장 또는 군수("공간재구조화계획 입안권자"라 한다)는 제안일부터 45일 이내에 공간재구조화계획 입안에의 반영 여부를 제안자에게 통보해야 한다. 다만, 부득이한 사정이 있는 경우에는 1회에 한정하여 30일을 연장할 수 있다.

27

공유수면(바다만 해당한다)의 매립 목적이 그 매립구역과 이웃하고 있는 용도지역의 내용과 같으면 도시·군관리계획의 입안 및 결정 절차 없이 그 매립준공구역은 그 매립의 준공인가일부터 이와 이웃하고 있는 용도지역으로 지정된 것으로 본다. 이 경우 관계 특별시장·광역시장·특별자치시장·특별자치도지사·시장 또는 군수는 그 사실을 지체없이 고시하여야 한다.

28

「항만법」에 따른 항만구역으로서 도시지역에 연접한 공유수면은 이 법에 따른 도시지역으로 결정·고시된 것으로 본다.

29

「전원개발촉진법」에 따른 전원개발사업구역 및 예정구역(수력발전소 또는 송·변전설비만을 설치하기 위한 전원개발사업구역 및 예정구역은 제외한다)은 이 법에 따른 도시지역으로 결정·고시된 것으로 본다.

30

관리지역 안에서 「농지법」에 의한 농업진흥지역으로 지정·고시된 지역은 이 법에 의한 농림지역으로, 관리지역 안의 산림 중 「산지관리법」에 의하여 보전산지로 지정·고시된 지역은 당해 고시에서 구분하는 바에 의하여 이 법에 의한 농림지역 또는 자연환경보전지역으로 결정·고시된 것으로 본다.

[용도지역제]

01

시·도지사 또는 대도시 시장은 해당 시·도 또는 대도시의 도시·군계획조례로 정하는 바에 따라 도시·군관리계획결정으로 세분된 주거지역·상업지역·공업지역·녹지지역을 추가적으로 세분하여 지정할 수 있다.

02

제2종 전용주거지역은 공동주택 중심의 양호한 주거환경을 보호하기 위하여 필요한 지역이다.

03

제1종 일반주거지역은 저층주택을 중심으로 편리한 주거환경을 조성하기 위하여 필요한 지역이다.

04

일반상업지역은 일반적인 상업기능 및 업무기능을 담당하게 하기 위하여 필요한 지역이다.

05

일반공업지역은 환경을 저해하지 아니하는 공업의 배치를 위하여 필요한 지역이다.

06

자연녹지지역은 도시의 녹지공간의 확보, 도시확산의 방지, 장래 도시용지의 공급 등을 위하여 보전할 필요가 있는 지역으로서 불가피한 경우에 한하여 제한적인 개발이 허용되는 지역을 말한다.

07

계획관리지역이란 도시지역으로의 편입이 예상되는 지역이나 자연환경을 고려하여 제한적인 이용·개발을 하려는 지역으로서 계획적·체계적인 관리가 필요한 지역을 말한다.

08

농림지역이란 도시지역에 속하지 아니하는 「농지법」에 의한 농업진흥지역 또는 「산지관리법」에 의한 보전산지 등으로서 농림업을 진흥시키고 산림을 보전하기 위하여 필요한 지역이다.

09

건폐율이란 대지면적에 대한 건축면적(대지에 2 이상의 건축물이 있는 경우에는 그 건축면적의 합계)의 비율을 말한다.

10

다음에 해당하는 지역 안에서의 건폐율에 관한 기준은 80퍼센트 이하의 범위 안에서 대통령령이 정하는 기준에 따라 특별시·광역시·특별자치시·특별자치도·시 또는 군의 조례로 따로 정한다.

> ① 취락지구 : 60퍼센트 이하(집단취락지구에 대하여는 개발제한구역의 지정 및 관리에 관한 특별조치법령이 정하는 바에 의한다)
> ② 개발진흥지구(도시지역 외의 지역 또는 자연녹지지역만 해당) : 다음에서 정하는 비율 이하
>   • 도시지역 외의 지역에 지정된 경우: 40퍼센트, 다만, 계획관리지역에 산업·유통개발진흥지구가 지정된 경우에는 60퍼센트로 한다.
>   • 자연녹지지역에 지정된 경우: 30퍼센트
> ③ 수산자원보호구역 : 40퍼센트 이하
> ④ 「자연공원법」에 의한 자연공원 : 60퍼센트 이하
> ⑤ 「산업입지 및 개발에 관한 법률」의 규정에 의한 농공단지 : 70퍼센트 이하
> ⑥ 공업지역에 있는 「산업입지 및 개발에 관한 법률」의 규정에 의한 국가산업단지, 일반산업단지, 도시첨단산업단지와 준산업단지 : 80퍼센트 이하

11

용적률이란 대지면적에 대한 건축물의 연면적(지하층의 면적과 지상층의 주차용으로 사용되는 면적 등은 제외된다)의 비율을 말한다.

12

다음 대상지역 안에서의 용적률에 대한 기준은 200퍼센트 이하의 범위 안에서 대통령령이 정하는 기준에 따라 특별시·광역시·특별자치시·특별자치도·시 또는 군의 조례로 따로 정한다.

> ① 도시지역 외의 지역에 지정된 개발진흥지구 : 100퍼센트 이하
> ② 수산자원보호구역 : 80퍼센트 이하
> ③ 「자연공원법」에 의한 자연공원 : 100퍼센트 이하
> ④ 「산업입지 및 개발에 관한 법률」의 규정에 의한 농공단지(도시지역 외의 지역에 지정된 농공단지에 한한다) : 150퍼센트 이하

13

도시지역에 대하여는 「농지법」 제8조에 따른 농지취득자격증명제도를 적용하지 아니한다. 다만, 녹지지역의 농지로서 도시·군계획시설사업에 필요하지 아니한 농지에 대하여는 그러하지 아니하다.

14

「산업입지 및 개발에 관한 법률」에 의한 농공단지 안에서는 「산업입지 및 개발에 관한 법률」이 정하는 바에 의한다.

15

농림지역 중 농업진흥지역, 보전산지 또는 초지인 경우에는 각각 「농지법」, 「산지관리법」 또는 「초지법」이 정하는 바에 의한다.

16

도시지역 또는 관리지역이 세부용도지역으로 지정되지 아니한 경우에는 용도지역별 건축제한이나 건폐율 및 용적률 등의 규정을 적용할 때에 해당 용도지역이 도시지역인 경우에는 보전녹지지역에 관한 규정을 적용하고, 관리지역인 경우에는 보전관리지역에 관한 규정을 적용한다.

17

도시지역·관리지역·농림지역 또는 자연환경보전지역으로 용도가 지정되지 아니한 지역에 대하여는 용도지역별 건축제한이나 건폐율 및 용적률 등의 규정을 적용할 때에 자연환경보전지역에 관한 규정을 적용한다.

[용도지구제]

01

국토교통부장관 또는 시·도지사, 대도시 시장은 용도지구의 지정 또는 변경을 도시·군관리계획으로 결정한다.

02

시·도지사 또는 대도시 시장은 지역여건상 필요하면 그 시·도 또는 대도시의 조례로 용도지구의 명칭 및 지정목적, 건축이나 그 밖의 행위의 금지 및 제한에 관한 사항 등을 정하여 법령에 정한 용도지구 외의 용도지구의 지정 또는 변경을 도시·군관리계획으로 결정할 수 있다.

03

용도지역·용도지구 안에서 도시·군계획시설에 대하여는 용도지역·용도지구 안에서의 건축제한 등의 규정을 적용하지 아니한다.

04

시·도지사 또는 대도시 시장은 대통령령으로 정하는 일반주거지역·일반공업지역·계획관리지역에 복합용도지구를 지정할 수 있다.

05

지역 내 주요 수계의 수변 또는 문화적 보존가치가 큰 건축물 주변의 경관 등 특별한 경관을 보호 또는 유지하거나 형성하기 위하여 필요한 지구를 특화경관지구로 지정한다.

06

건축물·인구가 밀집되어 있는 지역으로서 시설 개선 등을 통하여 재해 예방이 필요한 지구를 시가지방재지구라 한다.

07

국가유산·전통사찰 등 역사·문화적으로 보존가치가 큰 시설 및 지역의 보호와 보존을 위하여 필요한 역사문화환경보호지구라 한다.

08

녹지지역·관리지역·농림지역 또는 자연환경보전지역 안의 취락을 정비하기 위하여 필요한 지구를 자연취락지구라 한다.

09

개발제한구역 안의 취락을 정비하기 위하여 필요한 지구를 집단취락지구라 한다.

10

주거기능, 공업기능, 유통·물류기능 및 관광·휴양기능 외의 기능을 중심으로 특정한 목적을 위하여 개발·정비할 필요가 있는 지구를 특정개발진흥지구라 한다.

11

지역의 토지이용 상황, 개발 수요 및 주변 여건 등을 고려하여 효율적이고 복합적인 토지이용을 도모하기 위하여 특정시설의 입지를 완화할 필요가 있는 지구를 복합용도지구라 한다.

12

시·도지사 또는 대도시 시장은 지역여건상 필요한 때에는 해당 시·도 또는 대도시의 도시·군계획조례로 정하는 바에 따라 경관지구를 추가적으로 세분하거나 중요시설물보호지구 및 특정용도제한지구를 세분하여 지정할 수 있다.

13

경관지구안에서는 그 지구의 경관의 보전·관리·형성에 장애가 된다고 인정하여 도시·군계획조례가 정하는 건축물을 건축할 수 없다.

14

고도지구안에서는 도시·군관리계획으로 정하는 높이를 초과하는 건축물을 건축할 수 없다.

15

방재지구 안에서는 풍수해, 산사태, 지반의 붕괴, 지진이나 그 밖에 재해예방에 장애가 된다고 인정하여 도시·군계획조례가 정하는 건축물을 건축할 수 없다.

16

특정용도제한지구안에서는 주거기능 및 교육환경을 훼손하거나 청소년 정서에 유해하다고 인정하여 도시 · 군계획조례가 정하는 건축물을 건축할 수 없다.

17

집단취락지구 안에서의 건축제한에 대하여는 개발제한구역의 지정 및 관리에 관한 특별조치법령이 정하는 바에 의한다.

18.

자연취락지구 안에서는 4층 이하의 방송통신시설을 건축할 수 있다.

[용도구역제]

01

국토교통부장관은 도시의 무질서한 확산을 방지하고 도시주변의 자연환경을 보전하여 도시민의 건전한 생활환경을 확보하기 위하여 도시의 개발을 제한할 필요가 있거나 국방부장관의 요청이 있어 보안상 도시의 개발을 제한할 필요가 있다고 인정되면 개발제한구역의 지정 또는 변경을 도시 · 군관리계획으로 결정할 수 있다.

02

개발제한구역 안에서의 행위제한 그 밖에 개발제한구역의 관리에 필요한 사항은 따로 법률(「개발제한구역의 지정 및 관리에 관한 특별조치법」)로 정한다.

03

시 · 도지사, 대도시 시장은 도시의 자연환경 및 경관을 보호하고 도시민에게 건전한 여가 · 휴식공간을 제공하기 위하여 도시지역 안의 식생이 양호한 산지(山地)의 개발을 제한할 필요가 있다고 인정하면 도시자연공원구역의 지정 또는 변경을 도시 · 군관리계획으로 결정할 수 있다.

04

도시자연공원구역 안에서의 행위제한 등 도시자연공원구역의 관리에 필요한 사항은 도시공원 및 녹지 등에 관한 법률로 정한 바에 의한다.

05

시 · 도지사(예외적으로 국토교통부장관)는 직접 또는 관계 행정기관의 장의 요청을 받아 도시지역과 그 주변지역의 무질서한 시가화를 방지하고 계획적 · 단계적인 개발을 도모하기 위하여 5년 이상 20년 이내의 기간 동안 시가화를 유보할 필요가 있다고 인정되면 시가화조정구역의 지정 또는 변경을 도시 · 군관리계획으로 결정할 수 있다.

06

시가화조정구역의 지정에 관한 도시 · 군관리계획의 결정은 시가화 유보기간이 끝난 날의 다음날부터 그 효력을 잃는다.

07

해양수산부장관은 직접 또는 관계 행정기관의 장의 요청을 받아 수산자원의 보호 · 육성을 위하여 필요한 공유수면이나 그에 인접된 토지에 대한 수산자원보호구역의 지정 또는 변경을 도시 · 군관리계획으로 결정할 수 있다.

08

수산자원보호구역 안에서는 「수산자원관리법」으로 정하는 바에 따른다.

09

도시혁신구역과 복합용도구역으로 지정된 지역은 「건축법」 제69조에 따른 특별건축구역으로 지정된 것으로 본다.

[기반시설 및 도시 · 군계획시설]

01

'도시 · 군계획시설'이라 함은 기반시설 중 도시 · 군관리계획으로 결정된 시설을 말한다.

02

지상 · 수상 · 공중 · 수중 또는 지하에 기반시설을 설치하려면 그 시설의 종류 · 명칭 · 위치 · 규모 등을 미리 도시 · 군관리계획으로 결정하여야 한다.

03

용도지역·기반시설의 특성 등을 감안하여 대통령령이 정하는 다음의 기반시설의 경우에는 미리 미리 도시·군관리계획으로 결정할 필요가 없다.

[도시·군관리계획에 의하지 아니하고 설치할 수 있는 기반시설]

> ① 도시지역 또는 지구단위계획구역에서 다음의 기반시설을 설치하고자 하는 경우
> ㉠ 주차장, 차량검사 및 운전면허시설, 공공공지, 공공청사, 열공급설비, 방송·통신시설, 시장·문화시설·공공필요성이 인정되는 체육시설·연구시설·사회복지시설·공공직업 훈련시설·청소년수련시설·저수지·방화설비·방풍설비·방수설비·사방설비·방조설비·장사시설·종합의료시설·빗물저장 및 이용시설·폐차장
> ㉡ 「도시공원 및 녹지 등에 관한 법률」의 규정에 의하여 점용허가대상이 되는 공원안의 기반시설
> ㉢ 폐기물처리 및 재활용시설 중 재활용시설
> ② 도시지역 및 지구단위계획구역 외의 지역에서 다음의 기반시설을 설치하고자 하는 경우
> ㉠ 위 ①의 ㉠ 및 ㉡의 기반시설
> ㉡ 궤도 및 전기공급설비

04

「택지개발촉진법」에 따른 택지개발지구가 200만㎡를 초과하는 경우에는 해당 지역 등에서 개발사업을 시행하는 자(이하 '사업시행자')는 공동구를 설치하여야 한다.

05

공동구의 설치에 필요한 비용은 이 법 또는 다른 법률에 특별한 규정이 있는 경우를 제외하고는 공동구 점용예정자와 사업시행자가 부담한다.

06

공동구관리자는 5년마다 해당 공동구의 안전 및 유지관리계획을 대통령령으로 정하는 바에 따라 수립·시행하여야 한다.

07

공동구관리자는 대통령령으로 정하는 바에 따라 1년에 1회 이상 공동구의 안전점검을 실시하여야 하며, 안전점검결과 이상이 있다고 인정되는 때에는 지체없이 정밀안전진단·보수·보강 등 필요한 조치를 하여야 한다.

08

가스관 및 하수도관은 법 제44조의2 제4항에 따른 공동구협의회의 심의를 거쳐 수용할 수 있다.

09

특별시장·광역시장·특별자치시장·특별자치도지사·시장 또는 군수는 도시·군계획시설에 대하여 도시·군계획시설결정의 고시일부터 3개월 이내에 대통령령으로 정하는 바에 따라 재원조달계획, 보상계획 등을 포함하는 단계별 집행계획을 수립하여야 한다.

10

단계별 집행계획은 제1단계 집행계획과 제2단계 집행계획으로 구분하여 수립하되, 3년 이내에 시행하는 도시·군계획시설사업은 제1단계 집행계획에, 3년 후에 시행하는 도시·군계획시설사업은 제2단계 집행계획에 포함되도록 하여야 한다.

11

국가 또는 지방자치단체, 기타 일정한 공공기관(한국토지주택공사, 지방공사 및 지방공단 등) 외의 자가 도시·군계획시설사업의 시행자로 지정을 받고자 하는 때에는 도시·군계획시설사업의 대상인 토지(국·공유지를 제외한다)면적의 3분의 2 이상에 해당하는 토지를 소유하고, 토지소유자 총수의 2분의 1 이상에 해당하는 자의 동의를 얻어야 한다.

12

국토교통부장관, 시·도지사 또는 대도시 시장은 실시계획을 인가하려면 미리 그 사실을 공고하고, 관계 서류의 사본을 14일 이상 일반이 열람할 수 있도록 하여야 한다.

13

「공익사업을 위한 토지 등의 취득 및 보상에 관한 법률」을 준용할 때에 제91조에 따른 실시계획을 고시한 경우에는 「공익사업을 위한 토지 등의 취득 및 보상에 관한 법률」 제20조 제1항과 제22조에 따른 사업인정 및 그 고시가 있었던 것으로 본다.

14

도시 · 군계획시설사업의 시행자는 도시 · 군계획시설사업을 효율적으로 추진하기 위하여 필요하다고 인정되면 사업시행대상지역을 둘 이상으로 분할하여 도시 · 군계획시설사업을 시행할 수 있다.

15

도시 · 군계획시설사업의 시행자는 도시 · 군계획시설사업을 시행하기 위하여 필요하면 등기소나 그 밖의 관계 행정기관의 장에게 필요한 서류의 열람 또는 복사나 그 등본 또는 초본의 발급을 무료로 청구할 수 있다.

16

도시 · 군계획시설사업의 시행자는 사업시행을 위하여 특히 필요하다고 인정되는 때에는 도시 · 군계획시설에 인접한 토지 · 건축물 또는 그 토지에 정착된 물건이나 그 토지 · 건축물 또는 물건에 관한 소유권 외의 권리를 일시사용할 수 있다.

17

비행정청인 시행자가 타인의 토지에 출입하고자 하는 경우에는 특별시장 · 광역시장 · 특별자치시장 · 특별자치도지사 · 시장 또는 군수의 허가를 받아야 하며, 출입하고자 하는 날의 7일 전까지 당해 토지의 소유자 · 점유자 또는 관리인에게 그 일시와 장소를 알려야 한다.

18

토지를 일시 사용하거나 장애물을 변경 또는 제거하려는 자는 토지를 사용하려는 날이나 장애물을 변경 또는 제거하려는 날의 3일 전까지 그 토지나 장애물의 소유자 · 점유자 또는 관리인에게 알려야 한다.

19

타인의 토지를 재료 적치장 또는 임시통로로 일시 사용하거나 나무, 흙, 돌, 그 밖의 장애물을 변경 또는 제거하려는 자는 토지의 소유자 · 점유자 또는 관리인의 동의를 받아야 한다.

20

타인 토지의 출입 등의 행위로 인하여 손실을 입은 자가 있으면 그 행위자가 속한 행정청이나 도시 · 군계획시설사업의 시행자가 그 손실을 보상하여야 한다.

21

도시 · 군계획시설에 대한 도시 · 군관리계획의 결정의 고시일부터 10년 이내에 그 도시 · 군계획시설의 설치에 관한 도시 · 군계획시설사업이 시행되지 아니하는 경우(실시계획의 인가나 그에 상당하는 절차가 진행된 경우는 제외한다) 그 도시 · 군계획시설의 부지로 되어 있는 토지 중 지목이 대(垈)인 토지의 소유자는 그 토지의 매수를 청구할 수 있다.

22

매수의무자는 매수청구를 받은 날부터 6개월 이내에 매수 여부를 결정하여 토지소유자와 특별시장 · 광역시장 · 특별자치시장 · 특별자치도지사 · 시장 또는 군수(매수의무자가 특별시장 · 광역시장 · 특별자치시장 · 특별자치도지사 · 시장 또는 군수인 경우는 제외한다)에게 알려야 하며, 매수하기로 결정한 토지는 매수결정을 알린 날부터 2년 이내에 매수하여야 한다.

23

매수의무자는 매수청구를 받은 토지를 매수할 때에는 현금으로 그 대금을 지급한다. 다만, 다음의 어느 하나에 해당하는 경우로서 매수의무자가 지방자치단체인 경우에는 채권(이하 '도시·군계획시설채권'이라 한다)을 발행하여 지급할 수 있다.

---

① 토지소유자가 원하는 경우
② 대통령령으로 정하는 부재부동산 소유자의 토지 또는 비업무용 토지로서 매수대금이 3천만원을 초과하여 그 초과하는 금액을 지급하는 경우

24

매수청구된 토지의 매수가격·매수절차 등에 관하여 이 법에 특별한 규정이 있는 경우 외에는 「공익사업을 위한 토지 등의 취득 및 보상에 관한 법률」을 준용한다.

25

도시·군계획시설채권의 상환기간은 10년 이내로 하며, 그 이율은 채권 발행 당시 「은행법」에 따른 인가를 받은 은행 중 전국을 영업으로 하는 은행이 적용하는 1년 만기 정기예금금리의 평균 이상이어야 한다.

26

도시·군계획시설채권의 구체적인 상환기간과 이율은 특별시·광역시·특별자치시·특별자치도·시 또는 군의 조례로 정한다.

27

도시·군계획시설채권의 발행절차나 그 밖에 필요한 사항에 관하여 이 법에 특별한 규정이 있는 경우 외에는 「지방재정법」에서 정하는 바에 따른다.

28

매수청구를 한 토지의 소유자는 매수하지 아니하기로 결정한 경우 또는 매수 결정을 알린 날부터 2년이 지날 때까지 해당 토지를 매수하지 아니하는 경우에는 개발행위의 허가를 받아 제2종 근린생활시설(단란주점·안마시술소 및 노래연습장·다중생활시설은 제외한다)로서 3층 이하인 건축물을 설치할 수 있다.

29

도시·군계획시설결정이 고시된 도시·군계획시설에 대하여 그 고시일부터 20년이 지날 때까지 그 시설의 설치에 관한 도시·군계획시설사업이 시행되지 아니하는 경우 그 도시·군계획시설결정은 그 고시일부터 20년이 되는 날의 다음 날에 그 효력을 잃는다.

30

도시·군계획시설결정의 고시일부터 10년 이내에 그 도시·군계획시설의 설치에 관한 도시·군계획시설사업이 시행되지 아니한 경우로서 단계별 집행계획상 해당 도시·군계획시설의 실효 시까지 집행계획이 없는 경우에는 그 도시·군계획시설 부지로 되어 있는 토지의 소유자는 해당 도시·군계획시설에 대한 도시·군관리계획 입안권자에게 그 토지의 도시·군계획시설결정 해제를 위한 도시·군관리계획 입안을 신청할 수 있다.

[지구단위계획]

01

'지구단위계획'이라 함은 도시·군계획 수립대상 지역 안의 일부에 대하여 토지이용을 합리화하고 그 기능을 증진시키며 미관을 개선하고 양호한 환경을 확보하며, 당해 지역을 체계적·계획적으로 관리하기 위하여 수립하는 도시·군관리계획을 말한다.

02

주민은 시장 또는 군수에게 지구단위계획구역의 지정에 관한 사항에 대하여 도시·군관리계획의 입안을 제안할 수 있다.

03

국토교통부장관, 시·도지사, 시장 또는 군수는 「도시개발법」에 따라 지정된 도시개발구역이나 「도시 및 주거환경정비법」에 따라 지정된 정비구역의 전부 또는 일부에 대하여 지구단위계획구역을 지정할 수 있다.

04

국토교통부장관, 시·도지사, 시장 또는 군수는 제37조에 따라 지정된 용도지구의 전부 또는 일부에 대하여 지구단위계획구역을 지정할 수 있다.

05

국토교통부장관, 시·도지사, 시장 또는 군수는 개발제한구역·도시자연공원구역·시가화조정구역 또는 공원에서 해제되는 구역, 녹지지역에서 주거·상업·공업지역으로 변경되는 구역과 새로 도시지역으로 편입되는 구역 중 계획적인 개발 또는 관리가 필요한 지역을 대상으로 지구단위계획구역을 지정할 수 있다.

06

정비구역, 택지개발지구 등에서 시행되는 사업이 끝난 후 10년이 지난 지역은 지구단위계획구역으로 지정하여야 한다.

07

시가화조정구역 또는 공원에서 해제되는 지역으로서 그 면적이 30만제곱미터 이상인 지역은 지구단위계획구역으로 지정하여야 한다.

08

녹지지역에서 주거지역·상업지역 또는 공업지역으로 변경되는 지역으로서 그 면적이 30만제곱미터 이상인 지역은 지구단위계획구역으로 지정하여야 한다.

09

계획관리지역에 위치한 주거개발진흥지구, 복합개발진흥지구(주거기능이 포함된 경우에 한한다) 및 특정개발진흥지구는 도시지역 외의 지역이라도 지구단위계획구역으로 지정할 수 있다.

10

지구단위계획구역 안에서는 제76조부터 제78조(용도지역 및 용도지구별 건축제한과 건폐율 및 용적률)까지의 규정과 「건축법」 제42조(대지 안의 조경)·제43조(공개공지)·제44조(대지와 도로와의 관계)·제60조(건축물의 높이제한)·제61조(일조 등의 확보를 위한 건축물의 높이제한), 「주차장법」 제19조 및 제19조의2의 규정을 대통령령이 정하는 범위 안에서 지구단위계획이 정하는 바에 따라 완화하여 적용할 수 있다.

11

지구단위계획구역의 지정목적이 차 없는 거리를 조성하고자 하는 경우에는 지구단위계획으로 「주차장법」 제19조 제3항의 규정에 의한 주차장 설치기준을 100퍼센트까지 완화하여 적용할 수 있다.

12

지구단위계획구역(도시지역 외에 지정하는 경우로 한정한다)에서는 지구단위계획으로 당해 용도지역 또는 개발진흥지구에 적용되는 건폐율의 150퍼센트 및 용적률의 200퍼센트 이내에서 건폐율 및 용적률을 완화하여 적용할 수 있다.

13

지구단위계획구역에서 건축물(일정 기간 내 철거가 예상되는 경우 등 대통령령으로 정하는 공사용 가설건축물은 제외한다)을 건축 또는 용도변경하거나 공작물을 설치하려면 그 지구단위계획에 맞게 하여야 한다. 다만, 지구단위계획이 수립되어 있지 아니한 경우에는 그러하지 아니하다.

14

지구단위계획구역의 지정목적 달성을 위하여 필요한 일정한 기반시설의 배치와 규모, 건축물의 용도제한, 건축물의 건폐율 또는 용적률, 건축물 높이의 최고한도 또는 최저한도에 관한 내용은 지구단위계획 수립시 반드시 포함되어야 한다.

15

지구단위계획구역의 지정에 관한 도시·군관리계획결정의 고시일부터 3년 이내에 그 지구단위계획구역에 관한 지구단위계획이 결정·고시되지 아니하면 그 3년이 되는 날의 다음날에 그 지구단위계획구역의 지정에 관한 도시·군관리계획결정은 효력을 잃는다.

16

지구단위계획(주민이 입안을 제안한 것에 한정한다)에 관한 도시·군관리계획결정의 고시일부터 5년 이내에 이 법 또는 다른 법률에 따라 허가·인가·승인 등을 받아 사업이나 공사에 착수하지 아니하면 그 5년이 된 날의 다음날에 그 지구단위계획에 관한 도시·군관리계획결정은 효력을 잃는다.

[개발행위허가]

01

녹지지역 · 관리지역 또는 자연환경보전지역 안에서 건축물의 울타리 안(적법한 절차에 의하여 조성된 대지에 한한다)이 아닌 토지에 물건을 1월 이상 쌓아놓는 행위를 하고자 하는 자는 특별시장 · 광역시장 · 특별자치시장 · 특별자치도지사 · 시장 또는 군수의 허가('개발행위허가'라 한다)를 받아야 한다.

02

도시 · 군계획사업에 의해 건축물을 건축하는 경우에는 허가를 필요로 하지 않는다.

03

특별시장 · 광역시장 · 특별자치시장 · 특별자치도지사 · 시장 또는 군수는 개발행위허가의 신청에 대하여 특별한 사유가 없는 한 15일(도시계획위원회의 심의를 거쳐야 하거나 관계 행정기관의 장과 협의를 하여야 하는 경우에는 심의 또는 협의기간을 제외) 이내에 허가 또는 불허가의 처분을 하여야 한다.

04

「사도법」에 의한 사도개설허가를 받아 분할하는 경우에는 개발행위허가를 받지 아니한다.

05

도시지역 또는 지구단위계획구역에서 무게가 50톤 이하, 부피가 50㎥ 이하, 수평투영면적이 50㎡ 이하인 공작물의 설치행위는 개발행위허가를 받지 아니한다.

06

조성이 완료된 기존 대지에 건축물이나 그 밖의 공작물을 설치하기 위한 토지의 형질변경행위는 개발행위허가를 받지 아니하고 이를 할 수 있다.

07

녹지지역 · 관리지역 또는 농림지역안에서의 농림어업용 비닐하우스(「양식산업발전법」 제43조 제1항 각 호에 따른 양식업을 하기 위하여 비닐하우스 안에 설치하는 양식장은 제외한다)의 설치는 개발행위허가를 받지 아니한다.

08

도시지역 또는 지구단위계획구역에서 채취면적이 25제곱미터 이하인 토지에서의 부피 50세제곱미터 이하의 토석채취행위는 개발행위허가를 받지 아니한다.

09

전 · 답 사이의 지목변경을 수반하는 경작을 위한 토지의 형질변경은 개발행위허가의 대상이 아니다.

10

「사방사업법」에 따른 사방사업을 위한 개발행위에 대하여 허가를 하는 경우 중앙도시계획위원회와 지방도시계획위원회의 심의를 거치지 아니한다.

11

이행보증금의 예치금액은 기반시설의 설치나 그에 필요한 용지의 확보, 위해의 방지, 환경오염의 방지, 경관 및 조경에 필요한 비용의 범위안에서 산정하되 총공사비의 20퍼센트(산지에서의 개발행위의 경우 「산지관리법」 제38조에 따른 복구비를 합하여 총공사비의 20퍼센트 이내) 이내가 되도록 한다.

12

개발행위 허가를 받은 사항을 변경하는 경우에도 허가를 받아야 하나 부지면적 또는 건축물 연면적을 5퍼센트 범위안에서 축소하는 경우에는 변경허가를 받지 아니하고 지체없이 그 사실을 특별시장 · 광역시장 · 특별자치시장 · 특별자치도지사 · 시장 또는 군수에게 통지하여야 한다.

13

개발행위허가를 제한하고자 하는 자가 국토교통부장관인 경우에는 중앙도시계획위원회의 심의를 거쳐야 하며, 시 · 도지사 또는 시장 · 군수인 경우에는 당해 지방자치단체에 설치된 지방도시계획위원회의 심의를 거쳐야 한다.

14

지구단위계획구역으로 지정된 지역으로서 도시·군관리계획상 특히 필요하다고 인정하는 지역에 대해서는 최장 5년의 기간 동안 개발행위허가를 제한할 수 있다.

15

지구단위계획구역 및 기반시설부담구역으로 지정된 지역에 대해서는 중앙도시계획위원회나 지방도시계획위원회의 심의를 거치지 아니하고 개발행위허가의 제한을 연장할 수 있다.

16

토석의 채취에 대하여 개발행위허가를 받은 자가 개발행위를 마치면 준공검사를 받아야 한다.

17

개발행위의 허가 또는 변경허가를 받지 아니하거나 거짓 그 밖의 부정한 방법으로 개발행위의 허가 또는 변경허가를 받아 개발행위를 한 자에 대하여는 3년 이하의 징역 또는 3천만원 이하의 벌금에 처한다.

18

개발행위허가(다른 법률에 따라 개발행위허가가 의제되는 협의를 거친 인가·허가·승인 등을 포함한다)를 받은 자가 행정청인 경우 개발행위허가를 받은 자가 새로 공공시설을 설치하거나 기존의 공공시설에 대체되는 공공시설을 설치한 경우에는 새로 설치된 공공시설은 그 시설을 관리할 관리청에 무상으로 귀속되고, 종래의 공공시설은 개발행위허가를 받은 자에게 무상으로 귀속된다.

19

개발행위허가를 받은 자가 행정청이 아닌 경우 개발행위로 용도가 폐지되는 공공시설은 새로 설치한 공공시설의 설치비용에 상당하는 범위에서 개발행위허가를 받은 자에게 무상으로 양도할 수 있다.

[성장관리계획]

01

특별시장·광역시장·특별자치시장·특별자치도지사·시장 또는 군수는 녹지지역, 관리지역, 농림지역 및 자연환경보전지역을 대상으로 성장관리계획구역을 지정할 수 있다.

02

성장관리계획구역을 지정하거나 이를 변경하려면 성장관리계획구역안을 14일 이상 일반이 열람할 수 있도록 하여 미리 주민의 의견을 들은 후 해당 지방의회의 의견을 들어야 하며, 관계 행정기관과의 협의 및 지방도시계획위원회의 심의를 거쳐야 한다.

03

성장관리계획구역에서는 다음 각 호의 구분에 따른 범위에서 성장관리계획으로 정하는 바에 따라 특별시·광역시·특별자치시·특별자치도·시 또는 군의 조례로 정하는 비율까지 건폐율을 완화하여 적용할 수 있다.

> ㉠ 계획관리지역: 50퍼센트 이하
> ㉡ 생산관리지역·농림지역 및 자연녹지지역과 생산녹지지역: 30퍼센트 이하

04

성장관리계획구역 내 계획관리지역에서는 제78조제1항에도 불구하고 125퍼센트 이하의 범위에서 성장관리계획으로 정하는 바에 따라 특별시·광역시·특별자치시·특별자치도·시 또는 군의 조례로 정하는 비율까지 용적률을 완화하여 적용할 수 있다.

05

특별시장·광역시장·특별자치시장·특별자치도지사·시장 또는 군수는 5년마다 관할 구역 내 수립된 성장관리계획에 대하여 대통령령으로 정하는 바에 따라 그 타당성 여부를 전반적으로 재검토하여 정비하여야 한다.

[개발밀도관리구역 및 기반시설부담구역]

01

특별시장·광역시장·특별자치시장·특별자치도지사·시장 또는 군수는 주거·상업 또는 공업지역에서의 개발행위로 인하여 기반시설(도시·군계획시설을 포함한다)의 처리·공급 또는 수용능력이 부족할 것으로 예상되는 지역 중 기반시설의 설치가 곤란한 지역을 개발밀도관리구역으로 지정할 수 있다.

02

개발밀도관리구역을 지정하거나 변경하고자 하는 경우에는 해당 지방자치단체에 설치된 지방도시계획위원회의 심의를 거쳐야 한다(딸랑 심의만!)

03

향후 2년 이내에 당해 지역의 학생수가 학교수용능력을 20퍼센트 이상 초과할 것으로 예상되는 지역에 해당하는 지역에 대하여 개발밀도관리구역을 지정할 수 있다.

04

특별시장 · 광역시장 · 특별자치시장 · 특별자치도지사 · 시장 또는 군수는 개발밀도관리구역 안에서는 당해 용도지역에 적용되는 용적률의 최대한도의 50퍼센트 범위 안에서 강화하여 적용한다.

05

'기반시설부담구역'이란 개발밀도관리구역 외의 지역으로서 개발로 인하여 도로, 공원, 녹지 등 대통령령으로 정하는 기반시설의 설치가 필요한 지역을 대상으로 기반시설을 설치하거나 그에 필요한 용지를 확보하게 하기 위하여 지정 · 고시하는 구역을 말한다.

06

해당 지역의 전년도 개발행위허가 건수가 전전년도 개발행위허가 건수보다 20퍼센트 이상 증가한 지역에 대하여는 기반시설부담구역으로 지정하여야 한다.

07

법령의 개정으로 인하여 행위제한이 완화되는 지역에 대해서는 기반시설부담구역으로 지정하여야 한다.

08

기반시설부담구역을 지정 또는 변경하려면 주민의 의견을 들어야 하며, 해당 지방자치단체에 설치된 지방도시계획위원회의 심의를 거쳐야 한다.

09

기반시설부담구역은 기반시설이 적절하게 배치될 수 있는 규모로서 최소 10만㎡ 이상의 규모가 되도록 지정하여야 한다.

10

특별시장 · 광역시장 · 특별자치시장 · 특별자치도지사 · 시장 또는 군수는 기반시설부담구역이 지정되면 대통령령으로 정하는 바에 따라 기반시설설치계획을 수립하여야 하며, 이를 도시 · 군관리계획에 반영하여야 한다.

11

기반시설부담구역의 지정고시일부터 1년이 되는 날까지 기반시설설치계획을 수립하지 아니하면 그 1년이 되는 날의 다음 날에 기반시설부담구역의 지정은 해제된 것으로 본다.

12

법 제52조 제1항에 따라 지구단위계획을 수립한 경우에는 기반시설설치계획을 수립한 것으로 본다.

13

녹지와 폐기물 및 재활용처리시설은 기반시설부담구역에 설치가 필요한 기반시설에 해당한다.

14

기반시설부담구역 안에서 기반시설설치비용의 부과대상인 건축행위는 단독주택 및 숙박시설 등 「건축법」에 의한 건축물로서 200㎡(기존 건축물의 연면적을 포함한다)를 초과하는 건축물의 신 · 증축 행위로 한다. 다만, 기존 건축물을 철거하고 신축하는 경우에는 기존 건축물의 건축연면적을 초과하는 건축행위에 대하여만 부과대상으로 한다.

15

특별시장 · 광역시장 · 특별자치시장 · 특별자치도지사 · 시장 또는 군수는 납부의무자가 국가 또는 지방자치단체로부터 건축허가(다른 법률에 따른 사업승인 등 건축허가가 의제되는 경우에는 그 사업승인)를 받은 날부터 2개월 이내에 기반시설설치비용을 부과하여야 하고, 납부의무자는 사용승인(다른 법률에 따라 준공검사 등 사용승인이 의제되는 경우에는 그 준공검사) 신청시까지 이를 내야 한다.

16

기반시설설치비용은 현금, 신용카드 또는 직불카드로 납부하도록 하되, 부과대상 토지 및 이와 비슷한 토지로 하는 납부(이하 "물납"이라 한다)를 인정할 수 있다.

17

기반시설설치비용의 관리 및 운용을 위하여 기반시설부담구역별로 특별회계가 설치되어야 한다.

18

건축물별 기반시설유발계수 상위 순위는 다음과 같다.

> 위락시설 : 2.1 ⇒ 관광휴게시설 : 1.9 ⇒ 제2종 근린생활시설 : 1.6 ⇒ 문화 및 집회시설, 종교시설, 운수시설, 자원순환 관련시설 : 1.4 ⇒제1종 근린생활시설, 판매시설 : 1.3

[청문 및 행정심판 등]

01

국토교통부장관, 시·도지사, 시장·군수 또는 구청장은 다음의 어느 하나에 해당하는 처분을 하려면 청문을 하여야 한다.

> ① 개발행위허가의 취소
> ② 도시·군계획시설사업의 시행자 지정의 취소
> ③ 실시계획인가의 취소

02

이 법에 따른 도시·군계획시설사업 시행자의 처분에 대하여는 「행정심판법」에 따라 행정심판을 제기할 수 있다. 이 경우 행정청이 아닌 시행자의 처분에 대하여는 그 시행자를 지정한 자에게 행정심판을 제기하여야 한다.

제2장 도시개발법

[개발구역의 지정 및 개발계획의 수립]

01

특별시장·광역시장 또는 도지사, 특별자치시장, 특별자치도지사(이하 '시·도지사'라 한다), 인구 50만 이상의 대도시의 시장은 계획적인 도시개발이 필요하다고 인정되는 때에는 도시개발구역을 지정할 수 있다.

02

도시개발사업이 필요하다고 인정되는 지역이 둘 이상의 특별시·광역시·도·특별자치도(이하 '시·도'라 한다) 또는 대도시의 행정구역에 걸치는 경우에는 관계 시·도지사, 대도시 시장이 협의하여 도시개발구역을 지정할 자를 정한다.

03

대통령령이 정하는 공공기관 또는 정부출연기관의 장이 30만㎡ 이상으로서 국가계획과 밀접한 관련이 있는 도시개발구역의 지정을 제안하는 경우에는 국토교통부장관이 도시개발구역을 지정할 수 있다.

04

주거지역 및 상업지역은 1만㎡ 이상으로 도시개발구역으로 지정할 수 있다.

05

취락지구 또는 개발진흥지구로 지정된 지역과 지구단위계획구역으로 지정된 지역은 도시개발구역의 지정기준 면적의 제한을 받지 않는다.

06

시장(대도시 시장 제외)·군수 또는 구청장은 시·도지사에게 도시개발구역의 지정을 요청할 수 있다.

07

국가 및 지방자치단체와 도시개발조합을 제외한 나머지 사업시행자는 국토교통부령이 정하는 서류를 특별자치도지사, 시장·군수·구청장에게 제출하여 특별자치도지사, 시장·군수 또는 구청장에게 도시개발구역의 지정을 제안할 수 있다.

08

토지소유자나 민간법인 및 기타 민간사업시행자가 도시개발구역의 지정을 제안하고자 하는 경우에는 대상구역의 토지면적의 3분의 2 이상에 해당하는 토지소유자(지상권자를 포함한다)의 동의를 얻어야 한다.

09

도시개발구역을 지정하는 자(이하 '지정권자'라 한다)는 도시개발사업의 효율적인 추진과 도시의 경관 보호 등을 위하여 필요하다고 인정하는 경우에는 도시개발구역을 둘 이상의 사업시행지구로 분할하거나 서로 떨어진 둘 이상의 지역을 결합하여 하나의 도시개발구역으로 지정할 수 있다.

10

도시개발구역을 둘 이상의 사업시행지구로 분할할 수 있는 경우는 지정권자가 도시개발사업의 효율적인 추진을 위하여 필요하다고 인정하는 경우로서 분할 후 각 사업시행지구의 면적이 각각 1만제곱미터 이상인 경우로 한다.

11

도시개발구역이 지정·고시된 경우 당해 도시개발구역은 「국토의 계획 및 이용에 관한 법률」에 의한 도시지역과 지구단위계획구역으로 결정되어 고시된 것으로 본다. 다만, 「국토의 계획 및 이용에 관한 법률」에 따른 지구단위계획구역 및 취락지구로 지정된 지역인 경우에는 그러하지 아니하다.

12

도시개발구역 안에서 「건축법」에 따른 건축물(가설건축물을 포함한다)의 건축, 대수선(大修繕) 또는 용도변경에 해당하는 행위를 하고자 하는 자는 특별시장·광역시장, 특별자치도지사·시장 또는 군수의 허가를 받아야 하나, 관상용 죽목의 임시 식재(경작지에서의 임시 식재는 허가받음)인 경우에는 그러하지 아니하다.

13

원칙적으로 도시개발구역이 지정·고시된 날부터 3년이 되는 날까지 도시개발사업에 관한 실시계획의 인가를 신청하지 아니하는 경우에는 그 3년이 되는 날의 다음 날에 해제된 것으로 본다.

14

도시개발구역지정 후 개발계획을 수립하는 경우에는 도시개발구역이 지정·고시된 날부터 2년이 되는 날까지 개발계획을 수립·고시하지 아니하는 경우에는 그 2년이 되는 날의 다음 날에 해제된 것으로 본다. 다만, 도시개발구역의 면적이 330만㎡ 이상인 경우에는 5년으로 한다.

15

도시개발구역의 지정이 해제의제된 경우에는 그 도시개발구역에 대한 「국토의 계획 및 이용에 관한 법률」에 따른 용도지역 및 지구단위계획구역은 해당 도시개발구역 지정 전의 용도지역 및 지구단위계획구역으로 각각 환원되거나 폐지된 것으로 본다. 다만, 도시개발사업의 공사완료(환지방식인 경우에는 환지처분)에 의해 도시개발구역의 지정이 해제의제된 경우에는 그러하지 아니하다.

16

도시개발구역을 지정하는 자('지정권자')는 도시개발구역을 지정하려면 해당 도시개발구역에 대한 도시개발사업의 계획('개발계획')을 수립하여야 한다.

17

해당 도시개발구역에 포함되는 주거지역·상업지역·공업지역의 면적의 합계가 전체 도시개발구역 지정면적의 100분의 30 이하인 지역에 도시개발구역을 지정할 때에는 도시개발구역을 지정한 후에 개발계획을 수립할 수 있다.

18

광역도시계획 또는 도시·군기본계획이 수립되어 있는 지역에 대하여 개발계획을 수립하려면 개발계획의 내용이 해당 광역도시계획이나 도시·군기본계획에 들어맞도록 하여야 한다.

19

지정권자는 환지(換地)방식의 도시개발사업에 대한 개발계획을 수립하려면 환지방식이 적용되는 지역의 토지면적의 3분의 2 이상에 해당하는 토지 소유자와 그 지역의 토지 소유자 총수의 2분의 1 이상의 동의를 받아야 한다. 다만, 도시개발사업의 시행자가 국가나 지방자치단체인 경우에는 토지소유자의 동의를 받을 필요가 없다.

20

수용(收用) 또는 사용의 대상이 되는 토지·건축물 또는 토지에 정착한 물건과 이에 관한 소유권 외의 권리, 광업권, 어업권, 물의 사용에 관한 권리(이하 '토지 등'이라 한다)가 있는 경우에는 그 세부목록에 해당하는 사항은 도시개발구역을 지정한 후에 개발계획에 포함시킬 수 있다.

21

세입자의 주거 및 생활안정대책에 관한 사항은 도시개발구역을 지정한 후에 개발계획의 내용으로 포함시킬 수 있다.

22

330만㎡ 이상인 도시개발구역에 관한 개발계획을 수립할 때에는 해당 구역 안에서 주거·생산·교육·유통·위락 등의 기능이 서로 조화를 이루도록 노력하여야 한다.

[도시개발사업 시행자 지정]

01

도시개발구역의 전부를 환지방식으로 시행하는 경우에는 토지소유자나 조합을 시행자로 지정한다.

02

도시개발구역의 전부를 환지방식으로 시행하는 경우에는 토지소유자나 조합을 시행자로 지정하지만 토지소유자나 조합이 개발계획의 수립·고시일부터 1년 이내에 시행자 지정을 신청하지 아니한 경우 또는 지정권자가 신청된 내용이 위법하거나 부당하다고 인정한 경우에는 지방자치단체 또는 한국토지주택공사, 지방공사 등을 시행자로 지정할 수 있다.

03

지정권자는 환지방식으로 사업을 시행하는 경우에 시행자로 지정된 자(토지소유자 또는 조합)가 도시개발구역의 지정고시일로부터 1년 이내에 도시개발사업에 관한 실시계획의 인가를 신청하지 아니하는 경우에는 시행자를 변경할 수 있다.

04

지정권자는 도시개발사업에 관한 실시계획의 인가를 받은 후 2년 이내에 사업을 착수하지 아니하는 경우에는 시행자를 변경할 수 있다.

[도시개발조합]

01

도시개발조합을 설립하려면 도시개발구역의 토지소유자 7명 이상이 정관을 작성하여 지정권자에게 조합 설립의 인가를 받아야 한다.

02

조합이 인가를 받은 사항을 변경하고자 하는 때에는 지정권자로부터 변경인가를 받아야 한다. 다만, 주된 사무소의 소재지의 변경 및 공고방법을 변경하고자 하는 때에는 이를 신고하여야 한다.

03

조합설립의 인가를 신청하려면 해당 도시개발구역의 토지면적의 3분의 2 이상에 해당하는 토지소유자와 그 구역의 토지소유자 총수의 2분의 1 이상의 동의를 받아야 한다.

04

도시개발구역의 토지면적을 산정하는 경우에는 국공유지를 포함하여 산정하여야 한다. 토지 소유권을 여러 명이 공유하는 경우에는 다른 공유자의 동의를 받은 대표 공유자 1명만을 해당 토지 소유자로 볼 것이며, 다만, 「집합건물의 소유 및 관리에 관한 법률」에 따른 구분소유자는 각각을 토지 소유자 1명으로 본다.

05

토지소유자는 조합 설립인가의 신청 전에 동의를 철회할 수 있다. 이 경우 그 토지소유자는 동의자 수에서 제외한다.

06

공람·공고일 후에 「집합건물의 소유 및 관리에 관한 법률」에 따른 구분소유권을 분할하게 되어 토지 소유자의 수가 증가하게 된 경우에는 공람·공고일 전의 토지 소유자의 수를 기준으로 산정하고, 증가된 토지 소유자의 수는 토지 소유자 총수에 추가 산입하지 말아야 한다.

07

조합의 설립인가가 있는 때에는 당해 조합을 대표하는 자는 설립인가를 받은 날부터 30일 이내에 주된사무소의 소재지에서 설립등기를 하여야 한다.

08

조합의 조합원은 도시개발구역의 토지소유자로 한다.

09

조합에 관하여 「도시개발법」에 규정한 것 외에는 「민법」 중 사단법인에 관한 규정을 준용한다.

10

조합장 또는 이사의 자기를 위한 조합과의 계약이나 소송에 관하여는 감사가 조합을 대표한다. 또한 조합의 임원은 같은 목적의 사업을 하는 다른 조합의 임원 또는 직원을 겸할 수 없다.

11

금고 이상의 형을 선고받고 그 집행이 끝나거나 집행을 받지 아니하기로 확정된 후 2년이 지나지 아니한 자 또는 그 형의 집행유예기간 중에 있는 자는 조합임원이 될 수 없다.

12

조합의 임원으로 선임된 자가 결격사유에 해당하게 된 때에는 그 다음 날부터 임원의 자격을 상실한다.

13

의결권을 가진 조합원의 수가 50인 이상인 조합은 총회의 권한을 대행하게 하기 위하여 대의원회를 둘 수 있다.

14

대의원회는 총회의 의결사항 중 ① 정관의 변경, ② 개발계획의 수립 및 변경(경미한 변경은 제외), ③ 환지계획(경미한 변경은 제외)의 작성, ④ 조합임원의 선임, ⑤ 조합의 합병 또는 해산에 관한 사항을 제외한 총회의 권한을 대행할 수 있다.

15

조합은 특별자치도지사, 시장·군수 또는 구청장이 징수한 금액의 100분의 4에 해당하는 금액을 당해 특별자치도지사, 시·군 또는 구(자치구의 구를 말한다)에 지급하여야 한다.

[실시계획 인가]

01

시행자는 도시개발사업에 관한 실시계획을 작성하여야 한다. 이 경우 실시계획에는 지구단위계획이 포함되어야 하며, 이러한 실시계획은 개발계획에 맞게 작성하여야 한다.

02

시행자(지정권자가 시행자인 경우를 제외한다)는 작성된 실시계획에 관하여 인가신청서에 국토교통부령으로 정하는 서류를 첨부하여 시장(대도시 시장은 제외한다)·군수 또는 구청장을 거쳐 지정권자에게 제출하여 인가를 받아야 한다(변경이나 폐지하는 경우에도 동일). 다만 ① 사업시행면적의 100분의 10의 범위에서의 면적의 감소하거나 ② 사업비의 100분의 10의 범위에서의 사업비의 증감 등의 경미한 사항을 변경하는 경우에는 그러하지 아니하다.

03

지정권자가 실시계획을 작성하거나 인가하는 경우 국토교통부장관인 지정권자는 시·도지사, 대도시 시장의 의견을, 시·도지사가 지정권자이면 시장(대도시 시장 제외)·군수 또는 구청장의 의견을 미리 들어야 한다.

04

실시계획을 고시한 경우 그 고시된 내용 중 「국토의 계획 및 이용에 관한 법률」에 따라 도시·군관리계획(지구단위계획을 포함)으로 결정하여야 하는 사항은 같은 법에 따른 도시·군관리계획이 결정되어 고시된 것으로 본다.

05

도시개발사업은 시행자가 도시개발구역의 토지 등을 수용 또는 사용하는 방식이나 환지방식 또는 이를 혼용하는 방식으로 시행할 수 있다.

06

계획적이고 체계적인 도시개발 등 집단적인 택지의 조성과 공급이 필요한 경우에는 수용 또는 사용하는 방식으로 시행한다.

07

대지로서의 효용증진과 공공시설의 정비를 위하여 토지의 교환·분합, 그 밖의 구획변경, 지목 또는 형질의 변경이나 공공시설의 설치·변경이 필요한 경우에는 환지방식으로 사업을 시행하게 된다.

08

도시개발사업을 시행하는 지역의 지가가 인근의 다른 지역에 비하여 현저히 높아 수용 또는 사용방식으로 시행하는 것이 어려운 경우에는 환지방식으로 사업을 시행하게 된다.

[수용 또는 사용방식]

01

토지소유자, 민간법인, 등록사업자 등의 민간시행자가 수용하는 경우에는 사업대상 토지면적의 3분의 2 이상에 해당하는 토지를 소유하고 토지소유자 총수의 2분의 1 이상에 해당하는 자의 동의를 얻어야 한다.

02

「공익사업을 위한 토지 등의 취득 및 보상에 관한 법률」을 준용함에 있어서 수용 또는 사용의 대상이 되는 토지의 세부목록을 고시한 경우에는 「공익사업을 위한 토지 등의 취득 및 보상에 관한 법률」 제20조 제1항과 제22조에 따른 사업인정 및 그 고시가 있었던 것으로 본다.

03

시행자는 토지소유자가 원하면 토지 등의 매수대금의 일부를 지급하기 위하여 그 토지상환채권으로 상환할 토지·건축물이 해당 도시개발사업으로 조성되는 분양토지 또는 분양건축물 면적의 2분의 1을 초과하지 아니하는 범위 안에서 사업시행으로 조성된 토지·건축물로 상환하는 채권(이하 '토지상환채권'이라 한다.)을 발행할 수 있다.

04

시행자(지정권자가 시행자인 경우를 제외한다)는 토지상환채권을 발행하려면 대통령령이 정하는 내용을 포함하는 토지상환채권의 발행계획을 작성하여 미리 지정권자의 승인을 얻어야 한다.

05

민간시행자는 은행법」에 따른 은행(이하 "은행"이라 한다), 「보험업법」에 따른 보험회사 및 「건설산업기본법」에 따른 공제조합 등으로부터 지급보증을 받은 경우에만 이를 발행할 수 있다.

06

토지상환채권의 이율은 발행당시의 은행의 예금금리 및 부동산 수급상황을 고려하여 발행자가 정하며 토지상환채권은 기명식 증권으로 한다.

07

토지상환채권을 이전하는 경우 취득자는 그 성명과 주소를 토지상환채권원부에 기재하여 줄 것을 요청하여야 하며, 취득자의 성명과 주소가 토지상환채권에 기재되지 아니하면 취득자는 발행자 및 기타 제3자에게 대항하지 못한다.

08

시행자는 조성토지 등과 도시개발사업으로 조성되지 아니한 상태의 토지(이하 '원형지'라 한다)를 공급받거나 이용하려는 자로부터 대통령령으로 정하는 바에 따라 해당 대금의 전부 또는 일부를 미리 받을 수 있다.

09

공급될 수 있는 원형지의 면적은 도시개발구역 전체 토지 면적의 3분의 1 이내로 한정한다.

10

원형지개발자(국가 및 지방자치단체는 제외한다)는 원형지에 대한 공사완료 공고일부터 5년 또는 원형지 공급 계약일부터 10년 중 먼저 끝나는 기간안에는 원형지를 매각할 수 없다.

11

원형지개발자의 선정은 수의계약의 방법으로 한다. 다만, 원형지를 학교나 공장 등의 부지로 직접 사용하는 자에 해당하는 경우에는 원형지개발자의 선정은 경쟁입찰의 방식으로 하며, 경쟁입찰이 2회 이상 유찰된 경우에는 수의계약의 방법으로 할 수 있다.

12

원형지 공급가격은 개발계획이 반영된 원형지의 감정가격에 시행자가 원형지에 설치한 기반시설 등의 공사비를 더한 금액을 기준으로 시행자와 원형지개발자가 협의하여 결정한다.

13

시행자는 조성토지등을 공급하려고 할 때에는 조성토지등의 공급 계획을 작성하여야 하며, 지정권자가 아닌 시행자는 작성한 조성토지등의 공급 계획에 대하여 지정권자의 승인을 받아야 한다.

14

조성된 토지의 공급은 경쟁입찰의 방법에 의한다. 다만, 「주택법」 제2조에 따른 국민주택규모 이하의 주택건설용지, 「주택법」 제2조 제5호에 따른 공공택지, 330㎡ 이하의 단독주택용지 및 공장용지에 대하여는 추첨의 방법으로 분양할 수 있다.

15

학교용지, 공공청사용지 등 일반에게 분양할 수 없는 공공용지를 국가, 지방자치단체, 그 밖의 법령에 따라 해당 시설을 설치할 수 있는 자에게 공급하는 경우와 토지상환채권에 의하여 토지를 상환하는 경우에는 경우에는 수의계약(隨意契約)의 방법으로 조성토지 등을 공급할 수 있다.

16

조성토지등의 가격 평가는 감정가격으로 한다. 그러나 학교, 폐기물처리 및 재활용시설 그 밖에 대통령령으로 정하는 시설을 설치하기 위한 조성토지등과 이주단지의 조성을 위한 토지를 공급하는 경우에는 해당 토지의 가격을 감정평가업자가 감정평가한 가격 이하로 정할 수 있다.

[환지방식]

01

시행자는 도시개발사업의 전부 또는 일부를 환지방식에 의하여 시행하려면 다음의 사항이 포함된 환지계획을 작성하여야 한다.

[환지계획의 내용]

① 환지설계 : 환지설계는 평가식을 원칙으로 하되, 환지지정으로 인하여 토지의 이동이 경미하거나 기반시설의 단순한 정비 등의 경우에는 면적식을 적용할 수 있다.
② 필지별로 된 환지명세
③ 필지별과 권리별로 된 청산대상 토지명세
④ 체비지(替費地) 또는 보류지(保留地)의 명세
⑤ 입체환지를 계획하는 경우에는 입체 환지용 건축물의 명세와 입체환지에 따른 공급 방법·규모에 관한 사항

02

시행자는 환지방식이 적용되는 도시개발구역에 있는 조성토지 등의 가격을 평가할 때에는 토지평가협의회의 심의를 거쳐 결정하되, 그에 앞서 공인평가기관(감정평가업자)으로 하여금 평가하게 하여야 한다.

03

지정권자는 도시개발사업을 환지 방식으로 시행하려고 개발계획을 수립할 때에 시행자가 지방자치단체이면 토지 소유자의 동의를 받을 필요가 없다.

04

환지계획구역의 평균 토지부담률은 50퍼센트를 초과할 수 없다. 다만, 해당 환지계획구역의 특성을 고려하여 지정권자가 인정하는 경우에는 60퍼센트까지로 할 수 있으며, 환지계획구역안의 토지 소유자 총수의 3분의 2 이상이 동의하는 경우에는 60퍼센트를 초과하여 정할 수 있다.

05

토지소유자가 신청하거나 동의하면 해당 토지의 전부 또는 일부에 대하여 환지를 정하지 아니할 수 있다. 다만, 해당 토지에 관하여 임차권자 등이 있는 경우에는 그 동의를 받아야 한다.

06

시행자는 도시개발사업을 원활히 시행하기 위하여 특히 필요한 경우에는 토지소유자의 신청을 받아 환지의 목적인 토지에 갈음하여 시행자에게 처분할 권한이 있는 건축물의 일부와 그 건축물이 있는 토지의 공유지분을 부여할 수 있다.

07

입체환지의 신청 기간은 토지소유자(건축물 소유자를 포함한다)에게 통지한 날부터 30일 이상 60일 이하로 하여야 한다. 다만, 시행자는 환지계획의 작성에 지장이 없다고 판단하는 경우에는 20일의 범위에서 그 신청기간을 연장할 수 있다.

08

토지 또는 건축물이 입체 환지를 신청하는 자의 종전 소유 토지 및 건축물의 권리가액이 도시개발사업으로 조성되는 토지에 건축되는 구분건축물의 최소 공급가격의 100분의 70 이하인 경우에는 시행자가 규약·정관 또는 시행규정으로 신청대상에서 제외할 수 있다.

09

시행자는 도시개발사업에 필요한 경비에 충당하거나 규약·정관·시행규정 또는 실시계획으로 정하는 목적을 위하여 일정한 토지를 환지로 정하지 아니하고 보류지로 정할 수 있으며, 그 중 일부를 체비지로 정하여 도시개발사업에 필요한 경비에 충당할 수 있다.

10

환지계획은 시행자가 작성한 것만으로 효력을 발생하는 것이 아니고, 행정청이 아닌 시행자인 경우에는 환지계획을 작성한 때에는 특별자치도지사, 시장·군수 또는 구청장의 인가를 받아야 한다. 또한 인가받은 내용을 변경하고자 하는 경우에 관하여 이를 준용한다. 다만, 환지로 지정된 토지나 건축물을 금전으로 청산하는 경우 등 경미한 변경은 그러하지 아니하다.

11

환지예정지가 지정되면 종전의 토지의 소유자와 임차권자 등은 환지예정지 지정의 효력발생일부터 환지처분이 공고되는 날까지 환지예정지나 해당 부분에 대하여 종전과 같은 내용의 권리를 행사할 수 있으며 종전의 토지는 사용하거나 수익할 수 없다.

12

환지예정지 지정의 효력이 발생하거나 환지예정지의 사용 또는 수익을 개시하는 때에 당해 환지예정지의 종전의 토지소유자 또는 임차권자 등은 환지예정지 지정의 효력발생일부터 환지처분의 공고가 있는 날까지 또는 별도로 정한 사용 또는 수익개시일로부터 환지처분공고일까지 종전의 토지를 사용·수익할 수 없으며, 그 토지를 환지예정지로 지정받은 자의 사용·수익행위를 방해할 수 없다.

13

시행자는 체비지의 용도로 환지예정지가 지정된 경우에는 도시개발사업에 드는 비용을 충당하기 위하여 이를 사용 또는 수익하게 하거나 처분할 수 있다. 즉, 체비지에 대한 종전의 소유자는 사용·수익권 뿐 아니라 처분권까지 상실하며, 시행자가 사용·수익·처분할 권리를 취득하게 된다.

14

환지계획에서 정하여진 환지는 그 환지처분이 공고된 날의 다음 날부터 종전의 토지로 보며, 환지계획에서 환지를 정하지 아니한 종전의 토지에 있던 권리는 그 환지처분이 공고된 날이 끝나는 때에 소멸한다.

15

환지계획에 따라 입체환지처분을 받은 자는 환지처분이 공고된 날의 다음 날에 환지계획으로 정하는 바에 따라 건축물의 일부와 해당 건축물이 있는 토지의 공유지분을 취득한다. 이 경우 종전의 토지에 대한 저당권은 환지처분이 공고된 날의 다음 날부터 해당 건축물의 일부와 해당 건축물이 있는 토지의 공유지분에 존재하는 것으로 본다.

16

종전의 토지에 전속(專屬)하는 행정상 또는 재판상의 처분은 환지처분에 의하여 영향을 받지 않고 종전의 토지에 존속한다.

17

도시개발구역의 토지에 대한 지역권(地役權)은 환지처분에도 불구하고 종전의 토지에 존속한다. 다만, 도시개발사업의 시행으로 행사할 이익이 없어진 지역권은 환지처분이 공고된 날이 끝나는 때에 소멸한다.

18

환지계획으로 체비지 또는 보류지를 지정한 경우에는 체비지는 시행자가, 보류지는 환지계획에서 정한 자가 각각 환지처분이 공고된 날의 다음 날에 해당 소유권을 취득한다. 다만, 이미 처분된 체비지는 그 체비지를 매입한 자가 소유권이전등기를 마친 때에 소유권을 취득한다.

19

도시개발사업으로 임차권 등의 목적인 토지 또는 지역권에 관한 승역지(承役地)의 이용이 증진되거나 방해를 받아 종전의 임대료·지료, 그 밖의 사용료 등이 불합리하게 되면 당사자는 계약 조건에도 불구하고 장래에 관하여 그 증감을 청구할 수 있다.

20

임대료 등의 증감청구나 권리의 포기 및 계약의 해지는 환지처분이 공고된 날부터 60일이 지나면 임대료·지료, 그 밖의 사용료 등의 증감을 청구할 수 없다.

21

행정청인 시행자가 체비지 또는 보류지를 관리하거나 처분하는 경우에는 국가나 지방자치단체의 재산처분에 관한 법률을 적용하지 아니한다.

22

청산금은 환지처분을 하는 때에 이를 결정하여야 한다.

23

다만, 토지소유자의 신청 또는 동의에 의하여 환지를 정하지 아니하거나 면적의 적정화를 위하여 환지하지 아니하기로 한 경우에는 환지처분이 있기 전이라도 환지계획인가·고시 후 지체없이 청산금을 결정하여 이를 교부할 수 있다.

24

청산금은 환지처분이 공고된 날의 다음 날에 확정된다.

25

청산금은 대통령령으로 정하는 바에 따라 이자를 붙여 분할징수하거나 분할교부할 수 있다.

26

행정청인 시행자는 청산금을 내야 할 자가 이를 내지 아니하면 국세 또는 지방세 체납처분의 예에 따라 징수할 수 있다.

27

행정청이 아닌 시행자는 특별자치도지사·시장·군수 또는 구청장에게 청산금의 징수를 위탁할 수 있다. 이 경우 비행정청인 시행자는 특별자치도지사, 시장·군수 또는 구청장이 징수한 금액의 100분의 4에 해당하는 금액을 당해 특별자치도지사, 시·군 또는 구(자치구의 구를 말한다)에 지급하여야 한다.

28

청산금을 받을 권리나 징수할 권리를 5년간 행사하지 아니하면 시효로 소멸한다.

29

시행자는 환지처분이 공고되면 공고 후 14일 이내에 관할 등기소에 이를 알리고 토지와 건축물에 관한 등기를 촉탁하거나 신청하여야 한다.

30

시행자(지정권자가 시행자인 경우는 제외한다)가 도시개발사업의 공사를 끝낸 때에는 국토교통부령으로 정하는 바에 따라 공사완료 보고서를 작성하여 지정권자의 준공검사를 받아야 한다.

31

지정권자는 효율적인 준공검사를 위하여 필요하면 관계 행정기관·공공기관·연구기관, 그 밖의 전문기관 등에 의뢰하여 준공검사를 할 수 있다.

32

시행자는 도시개발사업을 효율적으로 시행하기 위하여 필요하면 해당 도시개발사업에 관한 공사가 전부 끝나기 전이라도 공사가 끝난 부분에 관하여 준공검사(지정권자가 시행자인 경우에는 시행자에 의한 공사완료 공고를 말한다)를 받을 수 있다.

33

시행자는 지정권자에 의한 준공검사를 받은 경우(지정권자가 시행자인 경우에는 공사 완료 공고가 있는 때)에는 60일 이내에 환지처분을 하여야 한다. 이 경우 환지계획에서 정하여진 환지는 그 환지처분이 공고된 날의 다음 날부터 종전의 토지로 보며, 환지계획에서 환지를 정하지 아니한 종전의 토지에 있던 권리는 그 환지처분이 공고된 날이 끝나는 때에 소멸한다.

[도시개발채권]

01

시·도지사는 도시개발채권의 발행하려는 경우에는 행정안전부장관의 승인을 받아야 한다.

02

도시개발채권은 「주식·사채등의 전자등록에 관한법률」의 규정에 의한 등록기관에 전자등록하여 발행하거나 무기명으로 발행할 수 있으며, 발행방법에 관하여 필요한 세부적인 사항은 시·도의 조례로 정하며, 도시개발채권의 상환은 5년 내지 10년의 범위 안에서 지방자치단체의 조례로 정한다.

03

도시개발채권의 소멸시효는 상환일부터 기산하여 원금은 5년, 이자는 2년으로 한다.

04

수용 또는 사용방식으로 시행하는 도시개발사업의 경우 한국토지주택공사와 공사도급계약을 체결하는 자는 도시개발채권을 매입하여야 한다.

05

「국토의 계획 및 이용에 관한 법률」에 따른 개발행위허가를 받은 자 중 토지의 형질변경허가를 받은 자는 도시개발채권을 매입하여야 한다.

06

도시개발채권의 매입필증을 제출받는 자는 매입자로부터 제출받은 매입필증을 5년간 따로 보관하여야 하며, 지방자치단체의 장이나 도시개발채권 사무취급기관 그 밖에 관계기관의 요구가 있는 때에는 이를 제시하여야 한다.

제3장 도시 및 주거환경정비법

[용어정의]

01

"정비기반시설"이란 도로 · 상하수도 · 공원 · 녹지 · 광장 · 공용주차장 · 공동구(「국토의 계획 및 이용에 관한 법률」 제2조제9호에 따른 공동구를 말한다), 그 밖에 주민의 생활에 필요한 열 · 가스 등의 공급시설로서 대통령령으로 정하는 시설을 말한다.

02

"공동이용시설"이란 주민이 공동으로 사용하는 놀이터 · 마을회관 · 공동작업장, 그 밖에 대통령령으로 정하는 시설을 말한다.

03

'토지등소유자'라 함은 주거환경개선사업, 재개발사업의 경우에는 정비구역안에 소재한 토지 또는 건축물의 소유자 또는 그 지상권자를 말한다.

04

'토지등소유자'라 함은 재건축사업의 경우에는 정비구역에 위치한 건축물 및 그 부속토지의 소유자를 말한다.

05

"토지주택공사등"이란 한국토지주택공사 또는 「지방공기업법」에 따라 주택사업을 수행하기 위하여 설립된 지방공사를 말한다.

[정비기본계획 및 정비계획 등]

01

특별시장 · 광역시장 · 특별자치시장 · 특별자치도지사 또는 시장은 관할 구역에 대하여 도시 · 주거환경정비기본계획을 10년 단위로 수립하여야 하며 기본계획에 대하여 5년마다 타당성 여부를 검토하여 그 결과를 기본계획에 반영하여야 한다.

02

대도시의 시장이 아닌 시장은 기본계획을 수립하거나 변경하려면 도지사의 승인을 받아야 하며, 도지사가 이를 승인하려면 관계 행정기관의 장과 협의한 후 지방도시계획위원회의 심의를 거쳐야 한다.

03

기본계획의 수립권자는 기본계획을 수립하거나 변경하려는 경우에는 14일 이상 주민에게 공람하여 의견을 들어야 하며, 제시된 의견이 타당하다고 인정되면 이를 기본계획에 반영하여야 한다.

04

대통령령으로 정하는 다음의 경미한 사항을 변경하는 경우에는 주민공람과 지방의회의 의견청취 절차를 거치지 아니할 수 있다.

> ① 정비기반시설의 규모를 확대하거나 그 면적을 10퍼센트 미만의 범위에서 축소하는 경우
> ② 정비사업의 계획기간을 단축하는 경우
> ③ 구체적으로 면적이 정비예정구역의 면적을 20퍼센트 미만의 범위에서 변경하는 경우

05

기본계획의 수립권자는 기본계획을 수립하거나 변경한 때에는 지체 없이 이를 해당 지방자치단체의 공보에 고시하고 일반인이 열람할 수 있도록 하여야 한다. 또한 기본계획을 고시한 때에는 국토교통부령으로 정하는 방법 및 절차에 따라 국토교통부장관에게 보고하여야 한다.

06

정비계획의 입안권자는 정비계획을 입안하거나 변경하려면 주민에게 서면으로 통보한 후 주민설명회 및 30일 이상 주민에게 공람하여 의견을 들어야 하며, 제시된 의견이 타당하다고 인정되면 이를 정비계획에 반영하여야 한다.

07

정비구역의 지정권자는 정비계획을 포함한 정비구역을 지정 · 고시한 때에는 국토교통부령으로 정하는 방법 및 절차에 따라 국토교통부장관에게 그 지정의 내용을 보고하여야 하며, 관계 서류를 일반인이 열람할 수 있도록 하여야 한다.

08

자치구의 구청장 또는 광역시의 군수("구청장등"이라 한다)는 제9조에 따른 정비계획을 입안하여 특별시장·광역시장에게 정비구역 지정을 신청하여야 한다. 이 경우 지방의회의 의견을 첨부하여야 한다.

09

정비구역의 지정권자는 정비구역의 진입로 설치를 위하여 필요한 경우에는 진입로 지역과 그 인접지역을 포함하여 정비구역을 지정할 수 있다.

10

정비구역의 지정·고시가 있는 경우 해당 정비구역 및 정비계획 중 「국토의 계획 및 이용에 관한 법률」 제52조의 지구단위계획구역 및 지구단위계획에 해당하는 사항은 같은 법 제50조에 따라 지구단위계획구역 및 지구단위계획으로 결정·고시된 것으로 본다.

11

정비구역의 지정권자는 정비사업의 효율적인 추진 또는 도시의 경관보호를 위하여 필요하다고 인정하는 경우에는 ① 하나의 정비구역을 둘 이상의 정비구역으로 분할하거나, ② 서로 연접한 정비구역을 하나의 정비구역으로 통합하여 정비구역을 지정할 수 있다.

12

정비예정구역 또는 정비구역(이하 "정비구역등"이라 한다)에서는 「주택법」에 따른 지역주택조합의 조합원을 모집해서는 아니 된다.

13

정비계획의 입안권자는 재건축사업 정비계획의 입안을 위하여 정비예정구역별 정비계획의 수립시기가 도래한 때에 안전진단을 실시하여야 한다.

14

정비계획의 입안을 제안하려는 자가 입안을 제안하기 전에 해당 정비예정구역에 위치한 건축물 및 그 부속토지의 소유자 10분의 1 이상의 동의를 받아 안전진단의 실시를 요청하는 경우에는 정비계획의 입안권자는 재건축사업 정비계획의 입안을 위하여 안전진단을 실시하여야 한다. 이 경우 정비계획의 입안권자는 안전진단에 드는 비용을 해당 안전진단의 실시를 요청하는 자에게 부담하게 할 수 있다.

15

정비예정구역에 대하여 기본계획에서 정한 정비구역 지정 예정일부터 3년이 되는 날까지 특별자치시장, 특별자치도지사, 시장 또는 군수가 정비구역을 지정하지 아니하거나 구청장등이 정비구역의 지정을 신청하지 아니하는 경우에는 정비구역의 지정권자는 정비예정구역을 해제하여야 한다.

16

조합이 조합설립인가를 받은 날부터 3년이 되는 날까지 사업시행계획인가를 신청하지 아니하는 경우에는 정비구역의 지정권자는 정비구역을 해제하여야 한다.

17

토지등소유자가 시행하는 재개발사업으로서 토지등소유자가 정비구역으로 지정·고시된 날부터 5년이 되는 날까지 사업시행계획인가를 신청하지 아니하는 경우에는 정비구역의 지정권자는 정비구역을 해제하여야 한다.

18

정비구역의 지정권자는 정비구역등의 토지등소유자(조합을 설립한 경우에는 조합원을 말한다)가 100분의 30 이상의 동의로 정비구역의 해제사유 기간이 도래하기 전까지 연장을 요청하는 경우에는 해당 기간을 2년의 범위에서 연장하여 정비구역등을 해제하지 아니할 수 있다.

19

정비구역등이 해제된 경우 정비구역의 지정권자는 해제된 정비구역등을 「도시재생 활성화 및 지원에 관한 특별법」에 따른 도시재생선도지역으로 지정하도록 국토교통부장관에게 요청할 수 있다.

20

정비구역등(재개발사업 및 재건축사업을 시행하려는 경우로 한정한다)이 해제된 경우 정비구역의 지정권자는 해제된 정비구역등을 제23조제1항 제1호의 방법으로 시행하는 주거환경개선구역으로 지정할 수 있다.

21

정비구역등이 해제·고시된 경우 추진위원회 구성승인 또는 조합설립인가는 취소된 것으로 보고, 시장·군수등은 해당 지방자치단체의 공보에 그 내용을 고시하여야 한다.

22

국토교통부장관, 시·도지사, 시장, 군수 또는 구청장은 비경제적인 건축행위 및 투기 수요의 유입을 막기 위하여 정비예정구역 또는 정비계획을 수립 중인 지역에 대하여 3년 이내의 기간(1년의 범위에서 한 차례만 연장할 수 있다)을 정하여 ㉠ 건축물의 건축, ㉡ 토지의 분할, ㉢ 건축물대장 중 일반건축물대장을 집합건축물대장으로 전환, ㉣ 건축물대장 중 집합건축물대장의 전유부분 분할 등의 행위를 제한할 수 있다.

23

정비구역에서 이동이 쉽지 아니한 물건을 1월 이상 쌓아놓는 행위를 하려는 자는 시장·군수 등의 허가를 받아야 한다. 허가받은 사항을 변경하려는 때에도 또한 같다.

24

정비구역에서의 관상용 죽목의 임시식재(경작지에서의 임시식재는 제외한다)는 허가를 받지 아니하고 할 수 있다.

25

정비구역에서 허가를 받은 경우에는 「국토의 계획 및 이용에 관한 법률」 제56조의 규정에 따라 개발행위허가를 받은 것으로 본다.

[정비사업의 시행]

01

주거환경개선사업은 다음의 어느 하나에 해당하는 방법 또는 이를 혼용하는 방법으로 한다.

> ① 사업시행자가 정비구역에서 정비기반시설 및 공동이용시설을 새로 설치하거나 확대하고 토지등소유자가 스스로 주택을 보전·정비하거나 개량하는 방법
> ② 사업시행자가 정비구역의 전부 또는 일부를 수용하여 주택을 건설한 후 토지등소유자에게 우선 공급하거나 대지를 토지등소유자 또는 토지등소유자 외의 자에게 공급하는 방법
> ③ 사업시행자가 환지로 공급하는 방법
> ④ 사업시행자가 정비구역에서 인가받은 관리처분계획에 따라 주택 및 부대시설·복리시설을 건설하여 공급하는 방법

02

주거환경개선사업을 시장·군수등이 직접 환지로 공급하는 방법으로 사업을 시행하는 경우에는 공람공고일 현재 해당 정비예정구역의 토지 또는 건축물의 소유자 또는 지상권자의 3분의 2 이상의 동의와 세입자(공람공고일 3개월 전부터 해당 정비예정구역에 3개월 이상 거주하고 있는 자를 말한다) 세대수의 과반수의 동의를 각각 받아야 한다.

03

주거환경개선사업 시행자가 환지로 공급하는 방법으로 사업을 시행하는 경우 시장·군수등은 세입자의 세대수가 토지등소유자의 2분의 1이하인 경우 세입자의 동의절차 없이 토지주택공사등을 사업시행자로 지정할 수 있다.

04

재개발사업은 정비구역에서 인가받은 관리처분계획에 따라 건축물을 건설하여 공급하거나 환지로 공급하는 방법으로 한다.

05

재개발사업의 시행자는 다음과 같다.

> ① 조합이 시행하거나 조합이 조합원의 과반수의 동의를 받아 시장군수등, 토지주택공사등, 건설업자, 등록사업자 또는 신탁업자와 한국부동산원 등과 공동으로 시행하는 방법
> ② 토지등소유자가 20인 미만인 경우에는 토지등소유자가 시행하거나 토지등소유자가 토지등소유자의 과반수의 동의를 받아 시장·군수등, 토지주택공사등, 건설업자, 등록사업자 또는 신탁업자와 한국부동산원 등과 공동으로 시행하는 방법

06

재건축사업은 정비구역에서 인가받은 관리처분계획에 따라 주택, 부대시설·복리시설 및 오피스텔을 건설하여 공급하는 방법으로 한다.

07

재건축사업을 오피스텔을 건설하여 공급하는 경우에는 「국토의 계획 및 이용에 관한 법률」에 따른 준주거지역 및 상업지역에서만 건설할 수 있다. 이 경

우 오피스텔의 연면적은 전체 건축물 연면적의 100분의 30 이하이어야 한다.

08

재건축사업은 조합이 시행하거나 조합이 조합원의 과반수의 동의를 받아 시장·군수등, 토지주택공사등, 건설업자 또는 등록사업자와 공동으로 시행할 수 있다(신탁업자와 한국부동산원은 공동시행자가 될 수 없다).

09

시장·군수등은 재개발사업이 고시된 정비계획에서 정한 정비사업시행 예정일부터 2년 이내에 사업시행계획인가를 신청하지 아니하거나 사업시행계획인가를 신청한 내용이 위법 또는 부당하다고 인정하는 때에는 직접 정비사업을 시행하거나 토지주택공사등을 사업시행자로 지정하여 정비사업을 시행하게 할 수 있다.

10

추진위원회가 시장·군수등의 구성승인을 받은 날부터 3년 이내에 조합설립인가를 신청하지 아니하거나 조합이 조합설립인가를 받은 날부터 3년 이내에 사업시행계획인가를 신청하지 아니한 때에는 시장·군수등이 직접 정비사업을 시행하거나 토지주택공사등을 사업시행자로 지정하여 정비사업을 시행하게 할 수 있다.

11

조합은 조합설립인가를 받은 후 조합총회에서 경쟁입찰 또는 수의계약(2회 이상 경쟁입찰이 유찰된 경우로 한정한다)의 방법으로 건설업자 또는 등록사업자를 시공자로 선정하여야 한다. 다만, 대통령령으로 정하는 조합원이 100인 이하인 정비사업은 조합총회에서 정관으로 정하는 바에 따라 선정할 수 있다.

12

토지등소유자가 재개발사업을 시행하는 경우에는 사업시행계획인가를 받은 후 규약에 따라 건설업자 또는 등록사업자를 시공자로 선정하여야 한다.

[정비조합]

01

조합을 설립하려는 경우에는 정비구역 지정·고시 후 운영규정에 대한 토지등소유자 과반수의 동의를 받아 위원장을 포함한 5명 이상의 위원으로 조합설립을 위한 추진위원회를 구성하여 국토교통부령으로 정하는 방법과 절차에 따라 시장·군수등의 승인을 받아야 한다.

02

추진위원회가 정비사업전문관리업자를 선정하려는 경우에는 추진위원회 승인을 받은 후 경쟁입찰 또는 수의계약(2회 이상 경쟁입찰이 유찰된 경우로 한정한다)의 방법으로 선정하여야 한다.

03

추진위원회는 추진위원회를 대표하는 추진위원장 1명과 감사를 두어야 한다(이사는 없음).

04

재개발사업의 추진위원회가 조합을 설립하려면 토지등소유자의 4분의 3 이상 및 토지면적의 2분의 1 이상의 토지소유자의 동의를 받아 시장·군수등의 인가를 받아야 한다.

05

재건축사업의 추진위원회가 조합을 설립하려는 때에는 주택단지의 공동주택의 각 동별 구분소유자의 과반수 동의(공동주택의 각 동별 구분소유자가 5 이하인 경우는 제외한다)와 주택단지의 전체 구분소유자의 4분의 3 이상 및 토지면적의 4분의 3 이상의 토지소유자의 동의를 받아 시장·군수등의 인가를 받아야 한다.

06

주택단지가 아닌 지역이 정비구역에 포함된 때에는 주택단지가 아닌 지역의 토지 또는 건축물 소유자의 4분의 3 이상 및 토지면적의 3분의 2 이상의 토지소유자의 동의를 받아야 한다.

07

토지등소유자의 동의자 수 산정시 토지에 지상권이 설정되어 있는 경우 토지의 소유자와 해당 토지의 지상권자를 대표하는 1인을 토지등소유자로 산정한다.

08

조합은 조합설립인가를 받은 날부터 30일 이내에 주된 사무소의 소재지에서 등기하는 때에 성립한다.

09

「주택법」에 따른 투기과열지구로 지정된 지역에서 재건축사업을 시행하는 경우에는 조합설립인가 후, 재개발사업을 시행하는 경우에는 관리처분계획의 인가 후 해당 정비사업의 건축물 또는 토지를 양수(매매·증여, 그 밖의 권리의 변동을 수반하는 일체의 행위를 포함하되, 상속·이혼으로 인한 양도·양수의 경우는 제외한다)한 자는 조합원이 될 수 없다(예외 있음).

10

조합장은 조합을 대표하고, 그 사무를 총괄하며, 총회 또는 대의원회의 의장이 되며 조합장이 대의원회의 의장이 되는 경우에는 대의원으로 본다. 또한 조합장 또는 이사가 자기를 위하여 조합과 계약이나 소송을 할 때에는 감사가 조합을 대표한다.

11

조합에 두는 이사의 수는 3명 이상으로 하고, 감사의 수는 1명 이상 3명 이하로 한다. 다만, 토지등소유자의 수가 100인을 초과하는 경우에는 이사의 수를 5명 이상으로 한다.

12

조합임원은 같은 목적의 정비사업을 하는 다른 조합의 임원 또는 직원을 겸할 수 없다.

13

조합임원은 조합원 10분의 1 이상의 요구로 소집된 총회에서 조합원 과반수의 출석과 출석 조합원 과반수의 동의를 받아 해임할 수 있다.

14

조합임원의 임기는 3년 이하의 범위에서 정관으로 정하되, 연임할 수 있다.

15

조합은 다음의 어느 하나의 요건을 갖춘 조합장 1명과 이사, 감사를 임원으로 둔다. 이 경우 조합장은 선임일부터 관리처분계획인가를 받을 때까지는 해당 정비구역에서 거주(영업을 하는 자의 경우 영업을 말한다)하여야 한다.

> ① 정비구역에서 거주하고 있는 자로서 선임일 직전 3년 동안 정비구역 내 거주 기간이 1년 이상일 것
> ② 정비구역에 위치한 건축물 또는 토지(재건축사업의 경우에는 건축물과 그 부속토지를 말한다)를 5년 이상 소유하고 있을 것

16

도시및주거환경정비법을 위반하여 벌금 100만원 이상의 형을 선고받고 10년이 지나지 아니한 자는 조합임원 또는 전문조합관리인이 될 수 없다.

17

총회는 조합장이 직권으로 소집하거나 조합원 5분의 1 이상(정관의 기재사항 중 조합임원의 권리·의무·보수·선임방법·변경 및 해임에 관한 사항을 변경하기 위한 총회의 경우는 10분의 1 이상으로 한다) 또는 대의원 3분의 2 이상의 요구로 조합장이 소집한다.

18

총회를 소집하려는 자는 총회가 개최되기 7일 전까지 회의 목적·안건·일시 및 장소를 정하여 조합원에게 통지하여야 한다.

19

총회의 의결은 조합원의 100분의 10 이상이 직접 출석하여야 한다. 다만, 창립총회, 사업시행계획서의 작성 및 변경, 관리처분계획의 수립 및 변경을 의결하는 총회 등의 경우에는 조합원의 100분의 20 이상이 직접 출석하여야 한다.

20

조합원의 수가 100명 이상인 조합은 대의원회를 두어야 한다. 대의원회는 조합원의 10분의 1 이상으로 구성한다.

[사업시행계획 인가]

01

사업시행자는 사업시행계획서에 정관등과 그 밖에 서류를 첨부하여 시장·군수등에게 제출하고 사업시행계획인가를 받아야 하고, 인가받은 사항을 변경하거나 정비사업을 중지 또는 폐지하려는 경우에도 또한 같다. 다만 정비사업비를 10퍼센트의 범위에서 변경하거나 관리처분계획의 인가에 따라 변경하는 때, 대지면적을 10퍼센트의 범위에서 변경하는 때에는 시장·군수등에게 신고하여야 한다.

02

시장·군수등은 사업시행계획인가를 하거나 사업시행계획서를 작성하려는 경우에는 대통령령으로 정하는 방법 및 절차에 따라 관계 서류의 사본을 14일 이상 일반인이 공람할 수 있게 하여야 한다.

03

시장·군수등은 특별한 사유가 없으면 사업시행계획서의 제출이 있은 날부터 60일 이내에 인가 여부를 결정하여 사업시행자에게 통보하여야 한다.

04

시장·군수등은 재개발사업의 사업시행계획인가를 하는 경우 해당 정비사업의 사업시행자가 지정개발자인 때에는 정비사업비의 100분의 20의 범위에서 시·도조례로 정하는 금액을 예치하게 할 수 있다.

05

시장·군수등은 사업시행계획인가를 하려는 경우 정비구역부터 200미터 이내에 교육시설이 설치되어 있는 때에는 해당 지방자치단체의 교육감 또는 교육장과 협의하여야 한다.

06

주거환경개선사업에 따른 건축허가를 받은 때와 부동산등기(소유권 보존등기 또는 이전등기로 한정한다)를 하는 때에는 국민주택채권의 매입에 관한 규정을 적용하지 아니한다.

07

사업시행자는 주거환경개선사업 및 재개발사업의 시행으로 철거되는 주택의 소유자 또는 세입자에게 해당 정비구역 안과 밖에 위치한 임대주택 등의 시설에 임시로 거주하게 하거나 주택자금의 융자를 알선하는 등 임시거주에 상응하는 조치를 하여야 한다.

08

재개발사업의 사업시행자는 사업시행으로 이주하는 상가세입자가 사용할 수 있도록 정비구역 또는 정비구역 인근에 임시상가를 설치할 수 있다.

[분양신청 및 관리처분계획 인가]

01

사업시행자는 사업시행계획인가의 고시가 있는 날(사업시행계획인가 이후 시공자를 선정한 경우에는 시공자와 계약을 체결한 날)부터 120일 이내에 분양신청기간 등의 사항을 토지등소유자에게 통지하고, 분양의 대상이 되는 대지 또는 건축물의 내역 등 대통령령으로 정하는 사항을 해당 지역에서 발간되는 일간신문에 공고하여야 한다.

02

분양신청기간은 통지한 날부터 30일 이상 60일 이내로 하여야 한다. 다만, 사업시행자는 관리처분계획의 수립에 지장이 없다고 판단하는 경우에는 분양신청기간을 20일의 범위에서 한 차례만 연장할 수 있다.

03

대지 또는 건축물에 대한 분양을 받으려는 토지등소유자는 분양신청기간에 대통령령으로 정하는 방법 및 절차에 따라 사업시행자에게 대지 또는 건축물에 대한 분양신청을 하여야 한다.

제3장 도시 및 주거환경정비법 31

04

사업시행자는 관리처분계획이 인가·고시된 다음 날부터 90일 이내에 분양신청을 하지 아니한 자나 분양신청기간 종료 이전에 분양신청을 철회한 자와 토지, 건축물 또는 그 밖의 권리의 손실보상에 관한 협의를 하여야 한다.

05

사업시행자는 손실보상에 관한 협의가 성립되지 아니하면 그 기간의 만료일 다음 날부터 60일 이내에 수용재결을 신청하거나 매도청구소송을 제기하여야 한다.

06

사업시행자는 분양신청기간이 종료된 때에는 분양신청의 현황을 기초로 관리처분계획을 수립하여 시장·군수등의 인가를 받아야 하며, 관리처분계획을 변경·중지 또는 폐지하려는 경우에도 또한 같다.

07

관리처분계획의 내용은 다음과 같다.

┌─────────────────────────────────────┐
⊙ 분양설계
⊙ 분양대상자의 주소 및 성명
⊙ 분양대상자별 분양예정인 대지 또는 건축물의 추산액
  (임대관리 위탁주택에 관한 내용을 포함한다)
⊙ 분양대상자별 종전의 토지 또는 건축물 명세 및 사업시행계획인가 고시가 있은 날을 기준으로 한 가격
⊙ 정비사업비의 추산액(재건축사업의 경우에는 재건축부담금에 관한 사항을 포함한다) 및 그에 따른 조합원 분담규모 및 분담시기
⊙ 분양대상자의 종전 토지 또는 건축물에 관한 소유권 외의 권리명세
⊙ 세입자별 손실보상을 위한 권리명세 및 그 평가액
⊙ 그 밖에 정비사업과 관련한 권리 등에 관하여 대통령령으로 정하는 사항
└─────────────────────────────────────┘

08

다음의 경미한 사항을 변경하고자 하는 때에는 시장·군수등에게 신고하여야 한다.

┌─────────────────────────────────────┐
① 계산착오·오기·누락 등에 따른 조서의 단순정정인 경우(불이익을 받는 자가 없는 경우에만 해당한다)
② 정관 및 사업시행계획인가의 변경에 따라 관리처분계획을 변경하는 경우
③ 매도청구에 대한 판결에 따라 관리처분계획을 변경하는 경우
④ 주택분양에 관한 권리를 포기하는 토지등소유자에 대한 임대주택의 공급에 따라 관리처분계획을 변경하는 경우
└─────────────────────────────────────┘

09

사업시행자는 관리처분계획인가를 신청하기 전에 관계 서류의 사본을 30일 이상 토지등소유자에게 공람하게 하고 의견을 들어야 한다.

10

시장·군수등은 사업시행자의 관리처분계획인가의 신청이 있은 날부터 30일 이내에 인가 여부를 결정하여 사업시행자에게 통보하여야 한다.

11

관리처분계획에는 분양대상자별 종전의 토지 또는 건축물 명세 및 사업시행계획인가고시가 있은 날을 기준으로 한 가격이 포함되어야 하며, 분양설계에 관한 계획은 분양신청기간이 만료하는 날을 기준으로 하여 수립한다.

12

원칙적으로 1세대 또는 1명이 하나 이상의 주택 또는 토지를 소유한 경우 1주택을 공급하고, 같은 세대에 속하지 아니하는 2명 이상이 1주택 또는 1토지를 공유한 경우에는 1주택만 공급한다.

13

다음 어느 하나에 해당하는 토지등소유자에게는 소유한 주택 수만큼 공급할 수 있다.

> ① 과밀억제권역에 위치하지 아니한 재건축사업의 토지등소유자. 다만, 투기과열지구 또는 「주택법」에 따라 지정된 조정대상지역에서 사업시행계획인가를 신청하는 재건축사업의 토지등소유자는 제외한다.
> ② 근로자(공무원인 근로자를 포함한다) 숙소, 기숙사 용도로 주택을 소유하고 있는 토지등소유자
> ③ 국가, 지방자치단체 및 토지주택공사등

14

사업시행계획인가 고시가 있은 날에 따른 가격의 범위 또는 종전 주택의 주거전용면적의 범위에서 2주택을 공급할 수 있고, 이 중 1주택은 주거전용면적을 60제곱미터 이하로 한다. 다만, 60제곱미터 이하로 공급받은 1주택은 이전고시일 다음 날부터 3년이 지나기 전에는 주택을 전매(매매·증여나 그 밖에 권리의 변동을 수반하는 모든 행위를 포함하되 상속의 경우는 제외한다)하거나 전매를 알선할 수 없다.

15

과밀억제권역에 위치한 재건축사업의 경우에는 토지등소유자가 소유한 주택수의 범위에서 3주택까지 공급할 수 있다. 다만, 투기과열지구 또는 「주택법」 제63조에 따라 지정된 조정대상지역에서 사업시행계획인가를 신청하는 재건축사업의 경우에는 그러하지 아니하다.

16

관리처분계획을 수립하는 방법으로 시행하는 주거환경개선사업과 재개발사업의 관리처분은 다음의 방법에 따른다.

> ① 시·도조례로 분양주택의 규모를 제한하는 경우에는 그 규모 이하로 주택을 공급할 것
> ② 1개의 건축물의 대지는 1필지의 토지가 되도록 정할 것. 다만, 주택단지의 경우에는 그러하지 아니하다.
> ③ 정비구역의 토지등소유자(지상권자는 제외한다)에게 분양할 것

17

재건축사업의 경우 관리처분은 조합이 조합원 전원의 동의를 받아 그 기준을 따로 정하는 경우에는 그에 따른다.

18

지분형주택의 규모는 주거전용면적 60제곱미터 이하인 주택으로 한정한다.

19

정비사업의 시행으로 지상권·전세권 또는 임차권의 설정 목적을 달성할 수 없는 때에는 그 권리자는 계약을 해지할 수 있다. 이 경우 계약을 해지할 수 있는 자가 가지는 전세금·보증금 그 밖에 계약상의 금전의 반환청구권은 사업시행자에게 이를 행사할 수 있다.

20

금전의 반환청구권의 행사에 따라 당해 금전을 지급한 사업시행자는 당해 토지등소유자에게 이를 구상할 수 있다. 사업시행자는 구상(求償)이 되지 아니하는 때에는 당해 토지등소유자에게 귀속될 대지 또는 건축물을 압류할 수 있다. 이 경우 압류한 권리는 저당권과 동일한 효력을 가진다.

21

종전의 토지 또는 건축물의 소유자·지상권자·전세권자·임차권자 등 권리자는 관리처분계획인가의 고시가 있은 때에는 이전고시가 있는 날까지 종전의 토지 또는 건축물을 사용하거나 수익할 수 없다. 다만, 사업시행자의 동의를 받은 경우이거나 손실보상이 완료되지 아니한 경우에는 그러하지 아니하다.

22

사업시행자는 관리처분계획인가를 받은 후 기존의 건축물을 철거하여야 한다.

23

사업시행자는 기존 건축물의 붕괴 등 안전사고의 우려가 있는 경우이거나 폐공가(廢空家)의 밀집으로 범죄발생의 우려가 있는 경우에는 관리처분계획인가를 받기전이라도 기존 건축물 소유자의 동의 및 시장·군수등의 허가를 받아 해당 건축물을 철거할 수 있다. 이 경우 건축물의 철거는 토지등소유자로서의 권리·의무에 영향을 주지 아니한다.

[준공인가 등]

01

시장·군수등이 아닌 사업시행자가 정비사업 공사를 완료한 때에는 대통령령으로 정하는 방법 및 절차에 따라 시장·군수등의 준공인가를 받아야 한다. 준공인가신청을 받은 시장·군수등은 지체 없이 준공검사를 실시하여야 한다. 이 경우 시장·군수등은 효율적인 준공검사를 위하여 필요한 때에는 관계 행정기관·공공기관·연구기관, 그 밖의 전문기관 또는 단체에게 준공검사의 실시를 의뢰할 수 있다.

02

시장·군수등은 준공검사를 실시한 결과 정비사업이 인가받은 사업시행계획대로 완료되었다고 인정되는 때에는 준공인가를 하고 공사의 완료를 해당 지방자치단체의 공보에 고시하여야 한다.

03

사업시행자(공동시행자인 경우를 포함한다)가 토지주택공사인 경우로서「한국토지주택공사법」에 따라 준공인가 처리결과를 시장·군수등에게 통보한 경우에는 별도의 준공인가를 받지 아니한다.

04

시장·군수등은 직접 시행하는 정비사업에 관한 공사가 완료된 때에는 그 완료를 해당 지방자치단체의 공보에 고시하여야 한다.

05

시장·군수등은 준공인가를 하기 전이라도 완공된 건축물에 전기·수도·난방 및 상·하수도 시설 등이 갖추어져 있어 해당 건축물을 사용하는 데 지장이 없는 경우에는 입주예정자가 완공된 건축물을 사용할 수 있도록 사업시행자에게 허가할 수 있다.

06

사업시행자는 준공인가 및 공사완료의 고시가 있은 때에는 지체 없이 대지확정측량을 하고 토지의 분할 절차를 거쳐 관리처분계획에서 정한 사항을 분양받을 자에게 통지하고 대지 또는 건축물의 소유권을 이전하여야 한다.

07

사업시행자는 대지 및 건축물의 소유권을 이전하려는 때에는 그 내용을 해당 지방자치단체의 공보에 고시한 후 시장·군수등에게 보고하여야 한다. 이 경우 대지 또는 건축물을 분양받을 자는 고시가 있은 날의 다음 날에 그 대지 또는 건축물의 소유권을 취득한다.

08

정비구역의 지정은 준공인가의 고시가 있은 날(관리처분계획을 수립하는 경우에는 이전고시가 있은 때를 말한다)의 다음 날에 해제된 것으로 본다. 이러한 정비구역의 해제는 조합의 존속에 영향을 주지 아니한다.

09

사업시행자는 이전고시가 있은 때에는 지체 없이 대지 및 건축물에 관한 등기를 지방법원지원 또는 등기소에 촉탁 또는 신청하여야 한다. 또한 정비사업에 관하여 소유권이전의 고시가 있은 날부터 등기가 있을 때까지는 저당권 등의 다른 등기를 하지 못한다.

10

사업시행자는 정관등에서 분할징수 및 분할지급을 정하고 있거나 총회의 의결을 거쳐 따로 정한 경우에는 관리처분계획인가 후부터 이전고시가 있은 날까지 일정 기간별로 분할징수하거나 분할지급할 수 있다.

11

청산금을 납부할 자가 이를 납부하지 아니하는 경우에는 시장·군수등인 사업시행자는 지방세체납처분의 예에 의하여 이를 징수(분할징수를 포함한다)할 수 있으며, 시장·군수등이 아닌 사업시행자는 시장·군수등에게 청산금의 징수를 위탁할 수 있다. 이 경우 사업시행자는 징수한 금액의 100분의 4에 해당하는 금액을 당해 시장·군수등에게 지급하여야 한다.

12

청산금을 지급(분할지급을 포함한다)받을 권리 또는 이를 징수할 권리는 이전고시일의 다음 날부터 5년간 행사하지 아니하면 소멸한다.

제4장 건축법

[용어 정의]

01

'건축물'이란 토지에 정착(定着)하는 공작물 중 지붕과 기둥 또는 벽이 있는 것과 이에 딸린 시설물, 지하나 고가(高架)의 공작물에 설치하는 사무소·공연장·점포·차고·창고, 그 밖에 대통령령으로 정하는 것을 말한다.

02

고층건축물이란 층수가 30층 이상이거나 높이가 120미터 이상인 건축물을 말하며, 초고층 건축물이란 층수가 50층 이상이거나 높이가 200미터 이상인 건축물을 말한다.

03

"결합건축"이란 제56조에 따른 용적률을 개별 대지마다 적용하지 아니하고, 2개 이상의 대지를 대상으로 통합적용하여 건축물을 건축하는 것을 말한다.

04

기둥과 기둥 사이의 거리(기둥의 중심선 사이의 거리를 말하며, 기둥이 없는 경우에는 내력벽과 내력벽의 중심선 사이의 거리를 말한다. 이하 같다)가 20미터 이상인 건축물은 "특수구조 건축물"이라 한다.

[건축법 적용대상물]

01

「문화유산의 보존 및 활용에 관한 법률」에 따른 지정문화유산이나 임시지정문화유산 또는 「자연유산의 보존 및 활용에 관한 법률」에 따라 지정된 천연기념물등이나 임시지정천연기념물, 임시지정명승, 임시지정시·도자연유산, 임시자연유산자료 등은 「건축법」을 적용하지 아니한다.

02

주택으로 쓰는 1개 동의 바닥면적(2개 이상의 동을 지하주차장으로 연결하는 경우에는 각각의 동으로 본다) 합계가 660제곱미터를 초과하고, 층수가 4개 층 이하인 주택은 연립주택에 해당한다.

03

의원, 치과의원, 한의원, 침술원, 접골원(接骨院), 조산원, 안마원, 산후조리원 등 주민의 진료·치료 등을 위한 시설은 제1종 근린생활시설에 해당한다.

04

종교집회장으로서 바닥면적의 합계가 500㎡미만이면 제2종 근린생활시설에 해당하며 그 이상인 경우에는 종교시설에 해당한다.

05

안마시술소 및 노래연습장은 면적에 관계없이 제2종 근린생활시설에 해당하며, 안마원은 제1종근린생활시설이다.

06

장의사는 제2종 근린생활시설이고, 화장장과 봉안당 및 동물화장시설, 동물건조장(乾燥葬)시설 및 동물전용의 납골시설 등은 묘지관련시설에 해당한다.

07

다중생활시설은 바닥면적합계가 500㎡미만인 것은 제2종 근린생활시설에 해당하며 그 이상인 경우에는 숙박시설에 해당한다.

08

장식탑, 기념탑, 첨탑, 광고탑, 광고판, 그 밖에 이와 비슷한 것은 높이 4m를 넘는 것이어야 「건축법」이 적용되는 공작물에 해당한다.

[건축법 적용대상 행위]

01

건축물의 '건축'이란 건축물을 신축·증축·개축·재축 또는 이전하는 것을 말한다.

02

'증축'이란 기존 건축물이 있는 대지에서 건축물의 건축면적, 연면적, 층수 또는 높이를 늘리는 것을 말한다.

03

'개축'이란 기존 건축물의 전부 또는 일부[내력벽·기둥·보·지붕틀 셋 이상이 포함되는 경우를 말한다]를 해체하고 그 대지에 종전과 같은 규모의 범위에서 건축물을 다시 축조하는 것을 말한다.

04

'이전'이란 건축물의 주요구조부를 해체하지 아니하고 같은 대지의 다른 위치로 옮기는 것을 말한다.

05

주요구조부란 내력벽·기둥·바닥·보·지붕틀 및 주계단을 말한다.

06

내력벽을 증설·해체하거나 그 벽면적을 30㎡ 이상 수선 또는 변경하는 것은 대수선에 해당한다.

07

기둥을 증설 또는 해체하거나 세 개 이상 수선 또는 변경하는 것은 대수선에 해당한다.

08

같은 시설군 안에서 용도를 변경하려는 자는 국토교통부령으로 정하는 바에 따라 특별자치시장·특별자치도지사 또는 시장·군수·구청장에게 건축물대장 기재내용의 변경을 신청하여야 한다.

09

용도변경 허가나 신고대상인 경우로서 용도변경하고자 하는 부분의 바닥면적의 합계가 100㎡ 이상인 용도변경은 사용승인에 관한 규정(법 제22조)을 준용한다.

10

용도변경 허가대상인 경우로서 용도변경하려는 부분의 바닥면적의 합계가 500제곱미터 이상인 용도변경의 설계에 관하여는 건축물의 설계에 관한 규정을 준용한다.

11

같은 시설군 안에서 용도를 변경하려는 자는 국토교통부령으로 정하는 바에 따라 특별자치시장·특별자치도지사 또는 시장·군수·구청장에게 건축물대장 기재내용의 변경을 신청하여야 한다.

[건축허가 및 신고 등]

01

사전결정신청자는 사전결정을 통지받은 날부터 2년 이내에 건축허가를 신청하여야 하며, 동 기간 내에 건축허가를 신청하지 아니하는 경우에는 사전결정의 효력이 상실된다.

02

건축허가권자는 원칙적으로 특별자치시장, 특별자치도지사, 시장·군수·구청장이다.

03

국토교통부장관은 국토관리상 특히 필요하다고 인정하거나 주무부장관이 국방·국가유산보존·환경보전 또는 국민경제상 특히 필요하다고 인정하여 요청하는 경우에는 허가권자의 건축허가나 허가를 받은 건축물의 착공을 제한할 수 있다.

04

특별시장·광역시장·도지사는 지역계획이나 도시·군계획상 특히 필요하다고 인정하는 경우에는 시장·군수·구청장의 건축허가나 허가를 받은 건축물의 착공을 제한할 수 있다.

05

건축허가나 건축물의 착공을 제한하는 경우 제한기간은 2년 이내로 한다. 다만, 1회에 한하여 1년 이내의 범위에서 제한기간을 연장할 수 있다.

06

자연환경 또는 수질보호를 위하여 도지사가 지정·공고하는 구역 안에 건축하는 3층 이상 또는 연면적 합계 1천㎡ 이상의 건축물로서 위락시설 및 숙박시설·공동주택·제2종 근린생활시설(일반음식점에 한한다)·업무시설(일반업무시설에 한한다) 등에 해당하는 건축물을 시장(특별시장·광역시장은 제외)·군수가 허가하고자 하는 경우 미리 도지사의 승인을 얻어야 한다.

07

「국토의 계획 및 이용에 관한 법률」에 따른 관리지역, 농림지역 또는 자연환경보전지역에서 연면적이 200제곱미터 미만이고 3층 미만인 건축물의 건축은 미리 특별자치시장·특별자치도지사 또는 시장·군수·구청장에게 국토교통부령으로 정하는 바에 따라 신고를 하면 건축허가를 받은 것으로 본다.

08

연면적이 200제곱미터 미만이고 3층 미만인 건축물의 대수선은 미리 특별자치시장·특별자치도지사 또는 시장·군수·구청장에게 신고를 하면 건축허가를 받은 것으로 본다.

09

연면적의 합계가 100제곱미터 이하인 건축물의 건축행위는 미리 특별자치시장·특별자치도지사 또는 시장·군수·구청장에게 신고를 하면 건축허가를 받은 것으로 본다.

10

공업지역, 지구단위계획구역(산업·유통형만 해당한다) 및 산업단지에서 건축하는 2층 이하인 건축물로서 연면적 합계 500제곱미터 이하인 공장(제조업소 등 물품의 제조·가공을 위한 시설을 포함한다)을 건축하는 경우 미리 특별자치시장·특별자치도지사 또는 시장·군수·구청장에게 신고를 하면 건축허가를 받은 것으로 본다.

11

건축물의 높이를 3미터 이하의 범위에서 증축하는 건축물인 경우 미리 특별자치시장·특별자치도지사 또는 시장·군수·구청장에게 신고를 하면 건축허가를 받은 것으로 본다.

12

건축신고를 한 자가 신고일부터 1년 이내에 공사에 착수하지 아니하면 그 신고의 효력은 없어진다. 다만, 건축주의 요청에 따라 허가권자가 정당한 사유가 있다고 인정하면 1년의 범위에서 착수기한을 연장할 수 있다.

13

건축허가를 받은 건축주는 해당 건축물 또는 대지의 공유자 중 동의하지 아니한 공유자에게 그 공유지분을 시가(市價)로 매도할 것을 청구할 수 있다. 이 경우 매도청구를 하기 전에 매도청구 대상이 되는 공유자와 3개월 이상 협의를 하여야 한다.

14

건축허가를 받은 날부터 2년(공장의 신설·증설 또는 업종변경의 승인을 받은 공장은 3년) 이내에 공사에 착수하지 아니한 경우에는 그 건축허가를 취소하여야 한다. 다만, 정당한 이유가 있다고 인정하는 경우에는 1년의 범위 안에서 그 공사의 착수기간을 연장할 수 있다.

15

허가권자는 연면적이 1천제곱미터 이상인 건축물로서 해당 지방자치단체의 조례로 정하는 건축물에 대하여는 착공신고를 하는 건축주에게 장기간 건축물의 공사현장이 방치되는 것에 대비하여 미리 미관 개선과 안전관리에 필요한 비용("예치금")을 건축공사비의 1퍼센트의 범위에서 예치하게 할 수 있다

16

연면적이 200제곱미터 미만이고 층수가 3층 미만인 건축물의 대수선을 위한 설계는 건축사가 아니어도 설계를 할 수 있다.

17

허가권자는 사용승인신청을 받은 경우에는 7일 이내에 사용검사를 실시하여야 하며, 검사에 합격된 건축물에 대하여는 사용승인서를 내주어야 한다.

18

임시사용승인의 기간은 2년 이내로 한다. 다만, 허가권자는 대형건축물 또는 암반공사 등으로 인하여 공사기간이 장기간인 건축물에 대하여는 그 기간을 연장할 수 있다.

19

건축주가 사용승인을 받은 경우에는 「대기환경보전법」 제30조에 따른 대기오염물질 배출시설의 가동개시의 신고를 한 것으로 본다.

[대지의 조경 및 공개공지]

01

대지는 인접한 '도로면'보다 낮아서는 아니된다. 다만, 대지 안의 배수에 지장이 없거나, 건축물의 용도상 방습의 필요가 없는 경우에는 인접한 도로면보다 낮아도 된다.

02

면적이 200제곱미터 이상인 대지에 건축을 하는 건축주는 용도지역 및 건축물의 규모에 따라 해당 지방자치단체의 조례로 정하는 기준에 따라 대지에 조경이나 그 밖에 필요한 조치를 하여야 한다.

03

건축물의 옥상에 국토교통부장관이 고시하는 기준에 따라 조경 기타 필요한 조치를 하는 경우에는 옥상부분의 조경면적의 3분의 2에 해당하는 면적을 대지 안의 조경면적으로 산정할 수 있다.

04

면적 5천㎡ 미만인 대지에 건축하는 공장이거나 연면적의 합계가 1천 5백㎡ 미만인 공장에 대하여는 조경 등의 조치를 하지 아니할 수 있다.

05

연면적의 합계가 1천 5백㎡ 미만인 물류시설(주거지역 또는 상업지역에 건축하는 것을 제외함)로서 국토교통부령이 정하는 것에 대하여는 조경 등의 조치를 하지 아니할 수 있다.

06

문화 및 집회시설, 종교시설, 판매시설(농수산물유통시설은 제외한다), 운수시설(여객용 시설만 해당한다.), 숙박시설 및 업무시설로서 해당 용도로 쓰는 바닥면적의 합계가 5천 제곱미터 이상인 건축물의 대지에는 공개공지 또는 공개공간을 확보하여야 한다.

07

공개공지 등의 면적은 대지면적의 100분의 10 이하의 범위에서 건축조례로 정한다.

08

공개공지 또는 공개공간을 설치하여 건축하는 경우에는 ① 용적률은 해당 지역에 적용되는 용적률의 1.2배 이하, ② 건축물의 높이 제한은 해당 건축물에 적용되는 높이기준의 1.2배 이하 범위에서 완화하여 적용할 수 있다.

09

공개공지 등에는 연간 60일 이내의 기간 동안 건축조례로 정하는 바에 따라 주민들을 위한 문화행사를 열거나 판촉활동을 할 수 있다.

10

시장·군수·구청장이 도시화의 가능성이 크거나 노후산업단지의 정비가 필요하다고 인정하여 지정·공고하는 지역은 공개공지를 설치하여야 한다.

[건축법상 도로 및 건축선]

01
"도로"란 보행과 자동차 통행이 가능한 너비 4미터 이상의 도로나 그 예정도로를 말한다.

02
건축물의 대지는 2m 이상이 도로(자동차만의 통행에 사용되는 도로는 제외한다)에 접하여야 한다.

03
연면적의 합계가 2천㎡(공장인 경우에는 3천㎡) 이상인 건축물(축사, 작물 재배사, 그 밖에 이와 비슷한 건축물로서 건축조례로 정하는 규모의 건축물은 제외한다.)의 대지는 너비 6m 이상의 도로에 4m 이상 접하여야 한다.

04
소요너비에 못 미치는 너비의 도로인 경우에는 그 중심선으로부터 그 소요 너비의 2분의 1의 수평거리만큼 물러난 선을 건축선으로 한다.

05
그 도로의 반대쪽에 경사지, 하천, 철도, 선로부지 그 밖에 이와 유사한 것이 있는 경우에는 그 경사지 등이 있는 쪽의 도로경계선에서 소요너비에 해당하는 수평거리의 선을 건축선으로 한다.

06
특별자치시장·특별자치도지사, 시장·군수·구청장은 시가지 안에 있어서 건축물의 위치를 정비하거나 환경을 정비하기 위하여 필요하다고 인정할 때에는 도시지역에는 4m 이하의 범위에서 건축선을 따로 지정할 수 있다.

07
소요너비 미달도로와 도로모퉁이의 건축선인 경우에는 도로와 건축선 사이의 면적은 해당 대지의 대지면적을 산정하는 경우에 이를 '제외'한다.

08
특별자치시장, 특별자치도지사, 시장·군수·구청장이 따로 지정하는 경우에 있어서는 도로와 건축선 사이의 면적은 해당 대지의 대지면적을 산정하는 경우에 이를 '포함'한다.

09
건축물과 담장은 건축선의 수직면(垂直面)을 넘어서는 아니 된다. 다만, 지표(地表) 아래 부분은 그러하지 아니하다.

10
도로면으로부터 높이 4.5m 이하에 있는 출입구, 창문, 그 밖에 이와 유사한 구조물은 열고 닫을 때 건축선의 수직면을 넘지 아니하는 구조로 하여야 한다.

[건축구조 안전 등]

01
5층 이상인 층이 제2종 근린생활시설 중 공연장·종교집회장·인터넷컴퓨터게임시설제공업소(바닥면적의 합계가 각각 300제곱미터 이상인 경우만 해당한다), 문화 및 집회시설(전시장 및 동·식물원은 제외한다), 종교시설, 판매시설, 위락시설 중 주점영업 또는 장례시설의 용도로 쓰는 경우에는 피난 용도로 쓸 수 있는 광장을 옥상에 설치하여야 한다.

02
옥상광장 또는 2층 이상인 층에 있는 노대(露臺)나 그 밖에 이와 비슷한 것의 주위에는 높이 1.2m 이상의 난간을 설치하여야 한다.

03
층수가 11층 이상인 건축물로서 11층 이상인 층의 바닥면적의 합계가 1만 제곱미터 이상인 건축물의 옥상에는 헬리포트를 설치하거나 헬리콥터를 통하여 인명 등을 구조할 수 있는 공간을 확보하여야 한다.

04
초고층 건축물에는 피난층 또는 지상으로 통하는 직통계단과 직접 연결되는 피난안전구역을 지상층으로부터 최대 30개 층마다 1개소 이상 설치하여야 한다.

05

2층 이하로서 높이가 8m 이하인 건축물에 대하여는 해당 자치단체의 조례가 정하는 바에 의하여 일조권에 의한 높이제한을 적용하지 아니할 수 있다.

06

'지하층'이란 건축물의 바닥이 지표면 아래에 있는 층으로서 바닥에서 지표면까지 평균높이가 해당 층 높이의 2분의 1 이상인 것을 말한다. 또한 지하층의 바닥면적은 연면적의 산정에 포함시키는 것이 원칙이다. 다만, 용적률의 계산에 있어서는 연면적에 지하층의 바닥면적을 포함시키지 아니한다.

[건축물의 크기 제한 등]

01

건폐율이란 대지면적에 대한 건축면적(대지에 2 이상의 건축물이 있는 경우에는 그 건축면적의 합계)의 비율을 말한다.

02

용적률이란 대지면적에 대한 건축물의 연면적의 비율을 말한다.

03

건축면적은 건축물의 외벽(외벽이 없는 경우에는 외곽부분의 기둥을 말한다)의 중심선으로 둘러싸인 부분의 수평투영면적으로 한다.

04

지표면으로부터 1미터 이하에 있는 부분은 건축면적에 산입하지 아니한다.

05

건축물 지상층에 일반인이나 차량이 통행할 수 있도록 설치한 보행통로나 차량통로는 건축면적에 산입하지 아니한다.

06

벽·기둥의 구획이 없는 건축물은 그 지붕 끝부분으로부터 수평거리 1미터를 후퇴한 선으로 둘러싸인 수평투영면적을 바닥면적으로 한다.

07

바닥면적이란 건축물의 각 층 또는 그 일부로서 벽, 기둥, 그 밖에 이와 비슷한 구획의 중심선으로 둘러싸인 부분의 수평투영면적으로 한다.

08

건축물의 노대나 그 밖에 이와 비슷한 것의 바닥은 난간 등의 설치 여부에 관계없이 노대등의 면적에서 노대등이 접한 가장 긴 외벽에 접한 길이에 1.5미터를 곱한 값을 뺀 면적을 바닥면적에 산입한다.

09

필로티나 그 밖에 이와 비슷한 구조의 부분은 그 부분이 공중의 통행이나 차량의 통행 또는 주차에 전용되는 경우와 공동주택의 경우에는 바닥면적에 산입하지 아니한다.

10

건축물을 리모델링하는 경우로서 미관 향상, 열의 손실 방지 등을 위하여 외벽에 부가하여 마감재 등을 설치하는 부분은 바닥면적에 산입하지 아니한다.

11

공동주택으로서 지상층에 설치한 기계실, 전기실, 어린이놀이터, 조경시설 및 생활폐기물 보관함의 면적은 바닥면적에 산입하지 아니한다.

12

「장애인·노인·임산부 등의 편의증진 보장에 관한 법률 시행령」에 따른 장애인용 승강기, 장애인용 에스컬레이터, 휠체어리프트, 경사로 또는 승강장은 바닥면적에 산입하지 아니한다.

13

건축물의 옥상에 설치되는 승강기탑·계단탑·망루·장식탑·옥탑 등으로서 그 수평투영면적의 합계가 해당 건축물 건축면적의 8분의 1이하인 경우로서 그 부분의 높이가 12미터를 넘는 경우에는 그 넘는 부분만 해당 건축물의 높이에 산입한다.

14

승강기탑, 계단탑, 망루, 장식탑, 옥탑, 그 밖에 이와 비슷한 건축물의 옥상 부분으로서 그 수평투영면적의 합계가 해당 건축물 건축면적의 8분의 1 이하인 것과 지하층은 건축물의 층수에 산입하지 아니하고, 층의 구분이 명확하지 아니한 건축물은 그 건축물의 높이 4m마다 하나의 층으로 보고 그 층수를 산정하며, 건축물이 부분에 따라 그 층수가 다른 경우에는 그 중 가장 많은 층수를 그 건축물의 층수로 본다.

15

층고란 방의 바닥구조체 윗면으로부터 위층 바닥구조체의 윗면까지의 높이로 한다.

16

승강기탑(옥상 출입용 승강장을 포함한다), 계단탑, 망루, 장식탑, 옥탑, 그 밖에 이와 비슷한 건축물의 옥상 부분으로서 그 수평투영면적의 합계가 해당 건축물 건축면적의 8분의 1 이하인 것과 지하층은 건축물의 층수에 산입하지 아니하고, 층의 구분이 명확하지 아니한 건축물은 그 건축물의 높이 4미터마다 하나의 층으로 보고 그 층수를 산정하며, 건축물이 부분에 따라 그 층수가 다른 경우에는 그 중 가장 많은 층수를 그 건축물의 층수로 본다.

17

연면적이란 하나의 건축물 각 층의 바닥면적의 합계로 하되, 용적률을 산정할 때에는 다음에 해당하는 면적은 제외한다.

① 지하층의 면적
② 지상층의 주차용(해당 건축물의 부속용도인 경우만 해당한다)으로 쓰는 면적
③ 초고층 건축물과 준초고층 건축물에 설치하는 피난안전구역의 면적
④ 건축물의 경사지붕 아래에 설치하는 대피공간의 면적

[대지의 분할제한 등]

01

건축물이 있는 대지는 다음의 해당 용도지역의 규모 범위 안에서 해당 지방자치단체의 조례가 정하는 면적에 못 미치게 분할할 수 없다.

① 주거지역 : 60m² 이상
② 상업지역 : 150m² 이상
③ 공업지역 : 150m² 이상
④ 녹지지역 : 200m² 이상
⑤ 위의 용도지역에 해당하지 아니하는 지역 : 60m² 이상

02

건축주는 6층 이상으로서 연면적 2천㎡ 이상인 건축물을 건축하고자 하는 경우에는 승강기를 설치하여야 하며, 승강기의 규모 및 구조는 국토교통부령으로 정한다.

03

높이 31m를 초과하는 건축물에는 대통령령으로 정하는 바에 따라 승용승강기 뿐만 아니라 비상용 승강기를 추가로 설치하여야 한다.

04

국토교통부장관 또는 시·도지사는 특별건축구역 지정일부터 5년 이내에 특별건축구역 지정목적에 부합하는 건축물의 착공이 이루어지지 아니하는 경우에는 특별건축구역의 전부 또는 일부에 대하여 지정을 해제할 수 있다.

05

다음의 어느 하나에 해당하는 지역·구역 등에 대하여는 특별건축구역으로 지정할 수 없다.

① 「개발제한구역의 지정 및 관리에 관한 특별조치법」에 따른 개발제한구역
② 「자연공원법」에 따른 자연공원
③ 「도로법」에 따른 접도구역
④ 「산지관리법」에 따른 보전산지

06

특별건축구역을 지정하거나 변경한 경우에는 「국토의 계획 및 이용에 관한 법률」 제30조에 따른 도시·군관리계획의 결정(용도지역·지구·구역의 지정 및 변경을 제외한다)이 있는 것으로 본다.

제5장 주택법

[용어정의]

01

"국민주택규모"란 주거의 용도로만 쓰이는 면적("주거전용면적")이 1호(戶) 또는 1세대당 85제곱미터 이하인 주택(수도권을 제외한 도시지역이 아닌 읍 또는 면 지역은 1호 또는 1세대당 주거전용면적이 100제곱미터 이하인 주택을 말한다)을 말한다.

02

'도시형 생활주택'이란 300세대 미만의 국민주택규모에 해당하는 주택으로서 「국토의 계획 및 이용에 관한 법률」에 따른 도시지역에 건설하는 ① 아파트형 주택, ② 단지형 연립주택, ③ 단지형 다세대주택을 말한다

03

하나의 건축물에는 도시형 생활주택과 그 밖의 주택을 함께 건축할 수 없으며, 단지형 연립주택 또는 단지형 다세대주택과 아파트형주택을 함께 건축할 수 없다. 다만 다음의 경우는 예외로 한다.

> ㉠ 아파트형주택과 주거전용면적이 85제곱미터를 초과하는 주택 1세대를 함께 건축하는 경우
> ㉡ 「국토의 계획 및 이용에 관한 법률 시행령」 제30조에 따른 준주거지역 또는 상업지역에서 아파트형 주택과 도시형 생활주택 외의 주택을 함께 건축하는 경우

04

"간선시설"이란 도로·상하수도·전기시설·가스시설·통신시설 및 지역난방시설 등 주택단지안의 기간시설을 그 주택단지 밖에 있는 같은 종류의 기간시설에 연결시키는 시설을 말한다.

05

"기간시설"이란 도로·상하수도·전기시설·가스시설·통신시설·지역난방시설 등을 말한다.

06

폭 20m 이상인 일반도로나 폭 8m 이상인 도시계획 예정도로로 분리된 토지는 각각 별개의 주택단지로 본다.

07

"세대구분형 공동주택"이란 공동주택의 주택 내부 공간의 일부를 세대별로 구분하여 생활이 가능한 구조로 하되, 그 구분된 공간의 일부를 구분소유할 수 없는 주택으로서 대통령령으로 정하는 요건을 모두 갖추어 건설된 공동주택을 말한다.

08

사용검사일 또는 사용승인일부터 15년이 경과된 공동주택을 각 세대의 주거전용면적의 30퍼센트 이내(세대의 주거전용면적이 85제곱미터 미만인 경우에는 40퍼센트 이내)에서 증축하는 행위도 리모델링에 해당한다.

09

수직으로 증축하는 행위(이하 "수직증축형 리모델링"이라 한다)의 대상이 되는 기존 건축물의 층수가 15층 이상인 경우에는 3개층까지 리모델링이 가능하다.

10

수직으로 증축하는 행위(이하 "수직증축형 리모델링"이라 한다)의 대상이 되는 기존 건축물의 층수가 14층 이하인 경우에는 2개층까지 리모델링이 가능하다.

11

공구란 하나의 주택단지에서 둘 이상으로 구분되는 일단의 구역으로서 공구별 세대수는 300세대 이상으로 해야 한다.

12

"입주자저축"이란 국민주택과 민영주택을 공급받기 위하여 가입하는 주택청약종합저축을 말하며, 입주자저축은 한 사람이 한 계좌만 가입할 수 있다.

[등록사업자]

01
연간 단독주택의 경우에는 20호, 공동주택의 경우에는 20세대(도시형생활주택의 경우와 도시형생활주택 중 아파트형주택과 그 밖의 주택 1세대를 함께 건축하는 경우에는 30세대) 이상의 주택건설사업을 시행하려는 자 또는 연간 1만㎡ 이상의 대지조성사업을 시행하려는 자는 국토교통부장관에게 등록하여야 한다.

02
등록이 말소된 후 2년이 지나지 아니한 자는 주택건설사업 등의 등록을 할 수 없다.

03
거짓이나 그 밖의 부정한 방법으로 등록한 경우이거나 등록증의 대여 등을 한 경우에는 그 등록을 말소하여야 한다.

04
등록사업자가 건설할 수 있는 주택은 주택으로 쓰는 층수가 5개층 이하인 주택으로 한다. 다만, 각층 거실의 바닥면적 300제곱미터 이내마다 1개소 이상의 직통계단을 설치한 경우에는 주택으로 쓰는 층수가 6개층인 주택을 건설할 수 있다.

05
고용자가 그 근로자의 주택을 건설하는 경우에는 대통령령으로 정하는 바에 따라 등록사업자와 공동으로 사업을 시행하여야 한다. 이 경우 고용자와 등록사업자를 공동사업주체로 본다.

06
주택조합(세대수를 증가하지 아니하는 리모델링주택조합은 제외한다)이 그 구성원의 주택을 건설하는 경우에는 대통령령으로 정하는 바에 따라 등록사업자(지방자치단체·한국토지주택공사 및 지방공사를 포함한다)와 공동으로 사업을 시행할 수 있다. 이 경우 주택조합과 등록사업자를 공동사업주체로 본다.

[주택조합]

01
많은 수의 구성원이 주택을 마련하거나 리모델링하기 위하여 주택조합을 설립하려는 경우에는 원칙적으로 관할 시장·군수·구청장의 인가를 받아야 한다. 인가받은 내용을 변경하거나 주택조합을 해산하려는 경우에도 또한 같다.

02
주택을 마련하기 위하여 주택조합설립인가를 받으려는 자는 해당 주택건설대지의 80퍼센트 이상에 해당하는 토지의 사용권원을 확보하여야 하며, 해당 주택건설대지의 15퍼센트 이상에 해당하는 토지의 소유권을 확보하여야 한다.다만, 인가받은 내용을 변경하거나 주택조합을 해산하려는 경우에는 그러하지 아니하다.

03
주택단지 전체를 리모델링하고자 하는 경우에는 주택단지 전체의 구분소유자와 의결권의 각 3분의 2 이상의 결의 및 각 동의 구분소유자와 의결권의 각 과반수의 결의를 증명하는 서류를 첨부하여 관할 시장·군수·구청장의 조합설립 인가를 받아야 한다.

04
동을 리모델링하고자 하는 경우에는 그 동의 구분소유자 및 의결권의 각 3분의 2 이상의 결의를 증명하는 서류를 첨부하여 관할 시장·군수·구청장의 조합설립 인가를 받아야 한다.

05
국민주택을 공급받기 위하여 직장주택조합을 설립하려는 자는 관할 시장·군수·구청장에게 신고하여야 한다. 신고한 내용을 변경하거나 직장주택조합을 해산하려는 경우에도 또한 같다.

06
주택조합설립인가신청일부터 해당 조합주택의 입주가능일까지 주택을 소유하지 아니하거나 주거전용면적 85㎡ 이하의 주택 1채를 소유한 세대주인 자로서 조합설립인가신청일 현재 같은 지역에 6개월 이상 거주하여 온 자는 지역주택조합의 조합원이 될 수 있다.

07

주택조합(리모델링주택조합은 제외한다)은 주택조합 설립인가를 받는 날부터 사용검사를 받는 날까지 주택건설 예정 세대수(설립인가 당시의 사업계획서상 주택건설 예정 세대수를 말하되, 임대주택으로 건설·공급하는 세대수는 제외한다)의 50퍼센트 이상의 조합원으로 구성하되, 조합원은 20명 이상이어야 한다.

08

총회의 의결을 하는 경우에는 조합원의 100분의 10 이상이 직접 출석하여야 한다. 다만, 창립총회 또는 조합임원의 선임 및 해임, 시공자의 선정·변경 및 공사계약의 체결, 조합해산의 결의 및 해산시의 회계 보고 등의 사항을 의결하는 총회의 경우에는 조합원의 100분의 20 이상이 직접 출석하여야 한다.

09

주택조합의 조합원이 근무·질병치료·유학·결혼 등 부득이한 사유로 세대주 자격을 일시적으로 상실한 경우로서 시장·군수·구청장이 인정하는 경우에는 조합원 자격이 있는 것으로 본다.

10

주택조합은 설립인가를 받은 날부터 2년 이내에 사업계획승인(30세대 이상 세대수가 증가하지 아니하는 리모델링의 경우에는 리모델링허가)을 신청하여야 한다.

11

지역주택조합 또는 직장주택조합은 설립인가를 받은 후에는 해당 조합원을 교체하거나 신규로 가입하게 할 수 없다.

12

조합설립 인가 후에 조합원의 탈퇴로 조합원 수가 주택건설 예정 세대수의 50퍼센트 미만이 되는 경우에는 결원이 발생한 범위에서 조합원을 신규로 가입하게 할 수 있다.

13

사업계획승인 등의 과정에서 주택건설 예정 세대수가 변경되어 조합원수가 변경된 세대수의 50퍼센트 미만이 되는 경우에는 결원이 발생한 범위에서 조합원을 신규로 가입하게 할 수 있다.

14

조합원으로 추가모집되거나 충원되는 자가 조합원 자격 요건을 갖추었는지를 판단할 때에는 해당 조합 설립인가 신청일을 기준으로 한다. 또한 조합원 추가모집의 승인과 조합원 추가모집에 따른 주택조합의 변경인가 신청은 사업계획승인신청일까지 하여야 한다.

15

금고 이상의 형의 선고유예를 받고 그 선고유예 기간 중에 있는 사람은 조합의 임원이 될 수 없다.

16

주택조합과 등록사업자가 공동으로 사업을 시행하면서 시공할 경우 등록사업자는 시공자로서의 책임뿐만 아니라 자신의 귀책사유로 사업 추진이 불가능하게 되거나 지연됨으로 인하여 조합원에게 입힌 손해를 배상할 책임이 있다.

17

지역주택조합 또는 직장주택조합의 설립인가를 받기 위하여 조합원을 모집하려는 자는 해당 주택건설대지의 50퍼센트 이상에 해당하는 토지의 사용권원을 확보하여 관할 시장·군수·구청장에게 신고하고, 공개모집의 방법으로 조합원을 모집하여야 한다. 조합 설립인가를 받기 전에 신고한 내용을 변경하는 경우에도 또한 같다.

18

공개모집 이후 조합원의 사망·자격상실·탈퇴 등으로 인한 결원을 충원하거나 미달된 조합원을 재모집하는 경우에는 신고하지 아니하고 선착순의 방법으로 조합원을 모집할 수 있다.

19

탈퇴한 조합원(제명된 조합원을 포함한다)은 조합규약으로 정하는 바에 따라 부담한 비용의 환급을 청구할 수 있다.

20

시장·군수·구청장은 주택조합 또는 주택조합의 구성원이 ① 거짓이나 그 밖의 부정한 방법으로 설립인가를 받은 경우, ② 제94조에 따른 명령이나 처분을 위반한 경우에는 주택조합의 설립인가를 취소할 수 있다.

21

주택조합의 발기인은 조합원 모집 신고를 하는 날 주택조합에 가입한 것으로 본다. 이 경우 주택조합의 발기인은 그 주택조합의 가입 신청자와 동일한 권리와 의무가 있다.

22

모집주체는 조합가입계약서에 따라 설명한 내용을 주택조합 가입 신청자가 이해하였음을 국토교통부령으로 정하는 바에 따라 서면으로 확인을 받아 주택조합 가입 신청자에게 교부하여야 하며, 그 사본을 5년간 보관하여야 한다.

23

주택조합의 발기인은 조합원 모집 신고가 수리된 날부터 2년이 되는 날까지 주택조합 설립인가를 받지 못하는 경우 대통령령으로 정하는 바에 따라 주택조합 가입 신청자 전원으로 구성되는 총회 의결을 거쳐 주택조합 사업의 종결 여부를 결정하도록 하여야 한다.

24

주택조합은 주택조합의 설립인가를 받은 날부터 3년이 되는 날까지 사업계획승인을 받지 못하는 경우 대통령령으로 정하는 바에 따라 총회의 의결을 거쳐 해산 여부를 결정하여야 한다

25

총회를 소집하려는 주택조합의 임원 또는 발기인은 총회가 개최되기 7일 전까지 회의 목적, 안건, 일시 및 장소를 정하여 조합원 또는 주택조합 가입 신청자에게 통지하여야 한다.

26

주택조합의 가입을 신청한 자는 가입비등을 예치한 날부터 30일 이내에 주택조합 가입에 관한 청약을 철회할 수 있다

27

모집주체는 주택조합의 가입을 신청한 자에게 청약 철회를 이유로 위약금 또는 손해배상을 청구할 수 없다.

[주택상환사채]

01

한국토지주택공사와 등록사업자는 대통령령으로 정하는 바에 따라 주택으로 상환하는 사채(이하 "주택상환사채"라 한다)를 발행할 수 있다.

02

법인으로서 자본금이 5억원 이상인 등록사업자는 자본금·자산평가액 및 기술인력 등이 일정한 기준에 맞고 금융기관 또는 주택도시보증공사의 보증을 받은 경우에만 주택상환사채를 발행할 수 있다.

03

주택상환사채를 발행하려는 자는 대통령령으로 정하는 바에 따라 주택상환사채발행계획을 수립하여 국토교통부장관의 승인을 받아야 한다.

04

주택상환사채는 기명증권(記名證券)으로 하고, 사채권자의 명의변경은 취득자의 성명과 주소를 사채원부에 기록하는 방법으로 하며, 취득자의 성명을 채권에 기록하지 아니하면 사채발행자 및 제3자에게 대항할 수 없다.

05

주택상환사채의 상환기간은 3년을 초과할 수 없다. 이 경우 상환기간은 주택상환사채발행일부터 주택의 공급계약체결일까지의 기간으로 한다.

06

등록사업자의 등록이 말소된 경우에도 등록사업자가 발행한 주택상환사채의 효력에는 영향을 미치지 아니한다.

[사업계획 승인 등]

01

단독주택을 30호(한옥은 50호) 이상, 공동주택을 30세대(세대별 주거전용면적이 30제곱미터 이상이며 해당 주택단지 진입도로의 폭이 6미터 이상의 요건을 갖춘 단지형 연립주택 또는 단지형 다세대주택은 50세대) 이상의 주택건설사업을 시행하려는 자 또는 1만㎡ 이상의 대지조성사업을 시행하려는 자는 사업계획승인권자(국가 및 한국토지주택공사가 시행하는 경우와 대통령령으로 정하는 경우에는 국토교통부장관을 말하며)에게 사업계획승인신청서 등을 제출하고 사업계획승인을 받아야 한다.

02

사업계획승인권자는 사업계획승인의 신청을 받은 때에는 정당한 사유가 없는 한 그 신청을 받은 날부터 60일 이내에 사업주체에게 승인여부를 통보하여야 한다.

03

주택건설사업을 시행하려는 자는 전체 세대수가 600세대 이상인 주택단지는 해당 주택단지를 공구별로 분할하여 주택을 건설·공급할 수 있다.

04

사업계획승인을 받은 사업주체는 주택건설대지면적 중 100분의 95 이상에 대하여 사용권원을 확보한 경우에는 사용권원을 확보하지 못한 대지(건축물을 포함한다)의 모든 소유자에게 시가로 매도할 것을 청구할 수 있다. 이 경우 매도청구 대상이 되는 대지의 소유자와 매도청구를 하기 전에 3개월 이상 협의를 하여야 한다.

05

사업주체가 주택건설대지면적 중 100분의 80에 대하여 사용권원을 확보한 경우, 사용권원을 확보하지 못한 대지의 소유자 중 지구단위계획구역 결정고시일 10년 이전에 해당 대지의 소유권을 취득하여 계속 보유하고 있는 자에 대하여는 매도청구를 할 수 없다.

06

리모델링의 허가를 신청하기 위한 동의율을 확보한 경우 리모델링 결의를 한 리모델링주택조합은 그 리모델링 결의에 찬성하지 아니하는 자의 주택 및 토지에 대하여 매도청구를 할 수 있다.

07

사업계획승인을 받은 사업주체는 승인받은 사업계획대로 사업을 시행하여야 하고, 사업계획승인을 받은 날부터 5년 이내 공사를 시작하여야 한다. 다만, 사업계획승인권자는 대통령령으로 정하는 정당한 사유가 있다고 인정하는 경우에는 사업주체의 신청을 받아 그 사유가 없어진 날부터 1년의 범위에서 공사의 착수기간을 연장할 수 있다.

08

공구별 분할시행을 위한 승인을 받은 경우에는 최초로 공사를 진행하는 공구는 승인받은 날부터 5년 이내, 최초로 공사를 진행하는 공구 외의 공구는 해당 주택단지에 대한 최초 착공신고일부터 2년 이내(연장 안됨) 공사를 시작하여야 한다.

09

사업주체가 공사착수기간(최초로 공사를 진행하는 공구 외의 공구는 제외한다)을 위반하여 공사를 시작하지 아니한 경우에는 그 사업계획의 승인을 취소할 수 있다.

10

국토교통부장관은 주택수급의 적정을 기하기 위하여 필요하다고 인정하는 때에는 사업주체가 건설하는 주택의 75퍼센트(주택조합이나 고용자가 건설하는 주택은 100퍼센트) 이하의 범위 안에서 일정 비율 이상을 국민주택규모로 건설하게 할 수 있다.

11

국가 또는 지방자치단체는 그가 소유하는 토지를 매각하거나 임대할 때 국민주택규모의 주택을 50퍼센트 이상으로 건설하는 주택의 건설을 목적으로 그 토지의 매수 또는 임차를 원하는 자가 있으면 그에게 우선적으로 그 토지를 매각하거나 임대할 수 있다.

12

국가 또는 지방자치단체는 국가 또는 지방자치단체로부터 토지를 매수하거나 임차한 자가 그 매수일 또는 임차일부터 2년 이내에 국민주택규모의 주택 또는 조합주택을 건설하지 아니하거나 그 주택을 건설하기 위한 대지조성사업을 시행하지 아니한 경우에는 환매하거나 임대계약을 취소할 수 있다.

13

사업주체가 국민주택용지로 사용하기 위하여 도시개발사업시행자에게 체비지의 매각을 요구한 경우 그 도시개발사업시행자는 경쟁입찰의 방법으로 체비지의 총면적의 2분의 1의 범위에서 이를 우선적으로 사업주체에게 매각할 수 있다.

[사용검사 및 사용검사후 매도청구]

01

사업주체는 사업계획승인을 받아 시행하는 주택건설사업 또는 대지조성사업을 완료한 경우에는 주택 또는 대지에 대하여 국토교통부령으로 정하는 바에 따라 시장·군수·구청장(국가 또는 한국토지주택공사가 사업주체인 경우에는 국토교통부장관을 말한다)의 사용검사를 받아야 한다.

02

사용검사권자는 사용검사의 대상인 주택 또는 대지가 사업계획의 내용에 적합한지를 확인하여야 하며, 사용검사는 신청일부터 15일 이내에 하여야 한다.

03

사업주체 또는 입주예정자는 사용검사를 받은 후가 아니면 주택 또는 대지를 사용하게 하거나 이를 사용할 수 없다. 다만, 주택건설사업의 경우에는 건축물의 동별로 공사가 완료된 때, 대지조성사업의 경우에는 구획별로 공사가 완료된 때로서 사용검사권자의 임

시사용승인을 얻은 경우에는 그러하지 아니하다. 이 경우 임시사용승인의 대상이 공동주택인 경우에는 세대별로 임시사용승인을 할 수 있다.

04

주택(복리시설을 포함한다)의 소유자들은 주택단지 전체 대지에 속하는 일부의 토지에 대한 소유권이전등기 말소소송 등에 따라 제49조의 사용검사(동별 사용검사를 포함한다)를 받은 이후에 해당 토지의 소유권을 회복한 자(이하 "실소유자"라 한다)에게 해당 토지를 시가로 매도할 것을 청구할 수 있다.

05

주택의 소유자들은 대표자를 선정하여 매도청구에 관한 소송을 제기할 수 있다. 이 경우 대표자는 주택의 소유자 전체의 4분의 3 이상의 동의를 받아 선정한다.

06

매도청구를 하려는 경우에는 해당 토지의 면적이 주택단지 전체 대지 면적의 5퍼센트 미만이어야 한다.

07

매도청구의 의사표시는 실소유자가 해당 토지 소유권을 회복한 날부터 2년 이내에 해당 실소유자에게 송달되어야 한다.

[주택의 공급]

01

사업주체(국가, 지방자치단체, 한국토지주택공사 또는 지방공사 및 국가 등이 단독 또는 공동으로 총지분의 50퍼센트를 초과하여 출자한 부동산투자회사인 사업주체는 제외한다)는 입주자를 모집하려면 일정한 서류를 갖추어 시장·군수·구청장의 승인을 받아야 한다. 다만 사업주체는 사업계획 승인을 받은 복리시설 중 근린생활시설 및 유치원 등 일반에게 공급하는 복리시설의 입주자를 모집하는 경우에는 입주자모집 5일 전까지 일정한 서류를 갖추어 시장·군수·구청장에게 신고하여야 한다.

02

시장·군수·구청장은 받은 마감자재 목록표와 영상물 등을 사용검사가 있은 날부터 2년 이상 보관하여야 하며, 입주자가 열람을 요구하는 경우에는 이를 공개하여야 한다.

03

사업주체는 주택건설사업에 의하여 건설된 주택 및 대지에 대하여는 입주자 모집공고 승인 신청일(주택조합의 경우에는 사업계획승인 신청일을 말한다.) 이후부터 입주예정자가 그 주택 및 대지의 소유권이전등기를 신청할 수 있는 날(입주예정자에게 통보한 입주가능일) 이후 60일까지의 기간 동안 입주예정자의 동의 없이 해당 주택 및 대지에 저당권 또는 가등기담보권 등 담보물권을 설정하는 행위 등을 하여서는 아니 된다.

04

사업주체는 해당 주택 또는 대지가 입주예정자의 동의 없이는 양도하거나 제한물권을 설정하거나 압류·가압류·가처분 등의 목적물이 될 수 없는 재산임을 소유권등기에 부기등기하여야 한다(다만, 사업주체가 국가·지방자치단체 및 한국토지주택공사 등 공공기관인 경우에는 그러하지 아니하다). 이 경우 부기등기는 주택건설대지에 대하여는 입주자모집공고승인 신청과 동시에 하여야 하고, 건설된 주택에 대하여는 소유권보존등기와 동시에 하여야 한다.

05

부기등기일 이후에 해당 대지 또는 주택을 양수하거나 제한물권을 설정받은 경우 또는 압류·가압류·가처분 등의 목적물로 한 경우에는 그 효력을 무효로 한다.

[분양가상한제]

01

국토교통부장관은 분양가상한제 적용 지역으로 지정하는 날이 속하는 달의 바로 전달("분양가상한제적용직전월")부터 소급하여 12개월간의 아파트 분양가격상승률이 물가상승률(해당 지역이 포함된 시·도 소비자물가상승률을 말한다)의 2배를 초과한 지역을 주거정책심의위원회 심의를 거쳐 분양가상한제 적용 지역으로 지정할 수 있다.

02

국토교통부장관은 분양가상한제적용직전월부터 소급하여 3개월간의 주택매매거래량이 전년 동기 대비 20퍼센트 이상 증가한 지역을 주거정책심의위원회 심의를 거쳐 분양가상한제 적용지역으로 지정할 수 있다.

03

국토교통부장관은 분양가상한제적용직전월부터 소급하여 주택공급이 있었던 2개월 동안 해당 지역에서 공급되는 주택의 월평균 청약경쟁률이 모두 5대 1을 초과하였거나 해당 지역에서 공급되는 국민주택규모 주택의 월평균 청약경쟁률이 모두 10대 1을 초과한 지역을 주거정책심의위원회 심의를 거쳐 분양가상한제 적용지역으로 지정할 수 있다.

04

도시형 생활주택과 관광특구에서 건설·공급하는 공동주택으로서 해당 건축물의 층수가 50층 이상이거나 높이가 150미터 이상인 경우에는 분양가상한제를 적용하지 않는다.

05

사업주체는 분양가상한제 적용주택으로서 공공택지에서 공급하는 주택에 대하여 입주자모집 승인을 받았을 때에는 입주자 모집공고에 택지비 등에 대하여 분양가격을 공시하여야 한다.

06

시장·군수·구청장은 법 제15조에 따른 사업계획 승인 신청이 있는 날부터 20일 이내에 분양가심사위원회를 설치·운영하여야 한다.

[투기과열지구]

01

국토교통부장관 또는 시·도지사는 **투기**과열지구로 지정하는 날이 속하는 달의 바로 전달("투기과열지구지정직전월")부터 소급하여 주택공급이 있었던 2개월 동안 해당 지역에서 공급되는 주택의 월별 평균 청약경쟁률이 모두 5대 1을 초과했거나 국민주택규모 주택의 월별 평균 청약경쟁률이 모두 10대 1을 초과한 곳을 대상으로 주거정책심의위원회의 심의를 거쳐 투기과열지구로 지정할 수 있다.

02

국토교통부장관 또는 시·도지사는 법 제15조에 따른 사업계획승인 건수나 「건축법」 제11조에 따른 건축허가 건수가 직전 연도보다 급격하게 감소한 곳을 대상으로 주거정책심의위원회(시·도지사의 경우에는 「시·도 주거정책심의위원회」를 말한다)의 심의를 거쳐 투기과열지구로 지정할 수 있다. 이 경우 투기과열지구의 지정은 그 지정 목적을 달성할 수 있는 최소한의 범위로 한다.

03

국토교통부장관 또는 시·도지사는 투기과열지구지정직전월의 주택분양실적이 전달보다 30퍼센트 이상 감소한 곳으로서 주택공급이 위축될 우려가 있는 곳을 대상으로 주거정책심의위원회의 심의를 거쳐 투기과열지구로 지정할 수 있다.

04

국토교통부장관이 투기과열지구를 지정하거나 해제할 경우에는 시·도지사의 의견을 들어야 하며, 시·도지사가 투기과열지구를 지정하거나 해제할 경우에는 국토교통부장관과 협의하여야 한다.

05

투기과열지구로 지정된 지역의 시·도지사 또는 시장·군수·구청장은 투기과열지구 지정 후 해당 지역의 주택가격이 안정되는 등 지정 사유가 없어졌다고 인정되는 경우에는 국토교통부장관 또는 시·도지사에게 투기과열지구 지정의 해제를 요청할 수 있다.

06

수도권의 투기과열지구에서 건설·공급되는 주택의 경우 입주자 모집을 하여 해당 주택의 입주자로 선정된 날부터 3년간 전매행위가 금지된다(상속의 경우는 제외한다).

07

세대원(세대주가 포함된 세대의 구성원을 말한다)이 근무 또는 생업상의 사정이나 질병치료·취학·결혼으로 인하여 세대원 전원이 다른 광역시, 특별자치시, 특별자치도, 시 또는 군(광역시의 관할구역에 있는 군은 제외한다)으로 이전하는 경우로서 한국토지주택공사의 동의를 받은 경우에는 투기과열지구에서의 전매제한을 적용하지 아니한다. 다만, 수도권으로 이전하는 경우는 제외한다.

08

분양가상한제 적용주택을 공급받은 자가 전매하는 경우에는 한국토지주택공사가 그 주택을 우선 매입할 수 있다.

09

사업주체가 분양가상한제 적용주택 또는 공공택지 외의 택지에서 건설·공급되는 주택을 공급하는 경우에는 그 주택의 소유권을 제3자에게 이전할 수 없음을 소유권에 관한 등기에 부기등기하여야 한다.

[공동주택의 리모델링]

01

리모델링주택조합이나 소유자 전원의 동의를 받은 입주자대표회의가 시장·군수·구청장의 허가를 받아 리모델링을 할 수 있다.

02

리모델링에 동의한 소유자는 리모델링주택조합 또는 입주자대표회의가 시장·군수·구청장에게 허가신청서를 제출하기 전까지 서면으로 동의를 철회할 수 있다.

03

특별시장·광역시장 및 대도시의 시장은 관할구역에 대하여 리모델링 기본계획을 10년 단위로 수립하여야 하며, 5년마다 리모델링 기본계획의 타당성 여부를 검토하여 그 결과를 리모델링 기본계획에 반영하여야 한다.

04

특별시장·광역시장 및 대도시의 시장은 리모델링 기본계획을 수립하거나 변경하려면 14일 이상 주민에게 공람하고, 지방의회의 의견을 들어야 한다. 이 경우 지방의회는 의견제시를 요청받은 날부터 30일 이내에 의견을 제시하여야 하며, 30일 이내에 의견을 제시하지 아니하는 경우에는 이의가 없는 것으로 본다.

05

리모델링주택조합이 주택단지 전체를 리모델링하는 경우에는 주택단지 전체 구분소유자 및 의결권의 각 75퍼센트 이상의 동의와 각 동별 구분소유자 및 의결권의 각 50퍼센트 이상의 동의를 받아야 하며, 동을 리모델링하는 경우에는 그 동의 구분소유자 및 의결권의 각 75퍼센트 이상의 동의를 받아 시장·군수·구청장의 허가를 받아야 한다.

06

증축하는 리모델링("증축형 리모델링")을 하려는 자는 시장·군수·구청장에게 안전진단을 요청하여야 하며, 안전진단을 요청받은 시장·군수·구청장은 해당 건축물의 증축 가능 여부의 확인 등을 위하여 안전진단을 실시하여야 한다.

[토지임대부 분양주택]

01

토지임대부 분양주택의 토지에 대한 임대차기간은 40년 이내로 한다. 이 경우 토지임대부 분양주택 소유자의 75퍼센트 이상이 계약갱신을 청구하는 경우 40년의 범위에서 이를 갱신할 수 있다.

02

토지임대부 분양주택의 토지임대료는 해당 토지의 조성원가 또는 감정가격 등을 기준으로 산정하되, 토지임대부 분양주택의 월별 토지임대료는 공공택지에 토지임대주택을 건설하는 경우에는 해당 공공택지의 조성원가에 입주자모집공고일이 속하는 달의 전전달의 「은행법」에 따른 은행의 3년 만기 정기예금 평균이자율을 적용하여 산정한 금액을 12개월로 분할한 금액 이하로 한다.

03

토지소유자는 토지임대주택을 분양받은 자와 토지임대료에 관한 약정(이하 "토지임대료약정"이라 한다)을 체결한 후 2년이 지나기 전에는 토지임대료의 증액을 청구할 수 없다.

04

토지임대료는 월별 임대료를 원칙으로 하되, 토지소유자와 주택을 공급받은 자가 합의한 경우 대통령령으로 정하는 바에 따라 임대료를 보증금으로 전환하여 납부할 수 있다. 또한 토지임대부 분양주택에 관하여 이 법에서 정하지 아니한 사항은 「집합건물의 소유 및 관리에 관한 법률」, 「민법」 순으로 적용한다.

제6장 농지법

[용어 정의]

01

지목이 전·답, 과수원이 아닌 토지로서 농작물 경작지 또는 다년생식물 재배지로 계속하여 이용되는 기간이 3년 미만인 토지는 농지에서 제외된다.

02

「공간정보의 구축 및 관리 등에 관한 법률」에 따른 지목이 전·답, 과수원이 아닌 토지(지목이 임야인 토지는 제외한다)로서 농작물 경작지 또는 다년생식물 재배지로 계속하여 이용되는 기간이 3년 미만인 토지는 농지에서 제외된다.

03

1천㎡ 이상의 농지에서 농작물 또는 다년생식물을 경작 또는 재배하거나 1년 중 90일 이상 농업에 종사하는 자는 농업인에 해당한다.

04

농지에 330㎡ 이상의 고정식온실·버섯재배사·비닐하우스, 그 밖의 농림축산식품부령으로 정하는 농업생산에 필요한 시설을 설치하여 농작물 또는 다년생식물을 경작 또는 재배하는 자는 농업인에 해당한다.

05

대가축 2두, 중가축 10두, 소가축 100두, 가금(家禽: 집에서 기르는 날짐승) 1천수 또는 꿀벌 10군 이상을 사육하거나 1년 중 120일 이상 축산업에 종사하는 자는 농업인에 해당한다.

06

농업경영을 통한 농산물의 연간 판매액이 120만원 이상인 자는 농업인에 해당한다.

07

농업법인이란 영농조합법인과 업무집행권을 가진 자 중 3분의 1 이상이 농업인인 농업회사법인을 말한다.

08

상속으로 농지를 취득한 사람으로서 농업경영을 하지 아니하는 사람은 그 상속 농지 중에서 총 1만 ㎡ 까지만 소유할 수 있다. 또한 8년 이상 농업경영을 한 후 이농한 사람은 이농 당시 소유 농지 중에서 총 1만㎡까지만 소유할 수 있다.

09

주말·체험영농을 하려고 농업진흥지역 외의 농지를 소유하려는 사람은 총 1천제곱미터 미만의 농지를 소유할 수 있다. 이 경우 면적 계산은 그 세대원 전부가 소유하는 총 면적으로 한다.

[농지취득자격증명]

01

농지전용협의를 마친 농지를 소유하는 경우에는 농지취득자격증명을 발급받지 아니하고 농지를 취득할 수 있다.

02

농지취득자격증명을 발급받으려는 자는 다음의 사항이 모두 포함된 농업경영계획서 또는 주말·체험영농계획서를 작성하고 농지소재지를 관할하는 시·구·읍·면의 장에게 발급신청을 하여야 한다.

① 취득 대상 농지의 면적(공유로 취득하려는 경우 공유지분의 비율 및 각자가 취득하려는 농지의 위치도 함께 표시한다)
② 취득 대상 농지에서 농업경영을 하는 데에 필요한 노동력 및 농업 기계·장비·시설의 확보 방안
③ 소유 농지의 이용 실태(농지 소유자에게만 해당한다)
④ 농지취득자격증명을 발급받으려는 자의 직업·영농경력·영농거리

03

농지전용허가를 받거나 농지전용신고를 한 자가 그 농지를 소유하는 경우에는 농업경영계획서를 작성하지 아니하고 농지취득자격증명의 발급을 신청할 수 있다.

04

시·구·읍·면의 장은 농지취득자격증명의 발급 신청을 받은 때에는 그 신청을 받은 날부터 7일(농업경영계획서를 작성하지 아니하고 농지취득자격증명의 발급신청을 할 수 있는 경우에는 4일, 농지위원회의 심의 대상의 경우에는 14일) 이내에 신청인에게 농지취득자격증명을 발급하여야 한다.

05

시·구·읍·면의 장은 농업경영계획서를 10년간 보존하여야 한다.

[농지의 위탁경영 및 처분의무 등]

01

농지 소유자는 3개월 이상의 국외 여행 중인 경우이거나 부상으로 3월 이상의 치료가 필요한 경우 또는 임신 중이거나 분만 후 6개월 미만인 경우에는 소유 농지를 위탁경영할 수 있다.

02

농지 소유자는 농지전용허가를 받거나 신고를 하여 농지를 취득한 후 취득한 날부터 2년 이내에 그 목적사업에 착수하지 아니한 경우에는 그 사유가 발생한 날부터 1년 이내에 해당 농지를 처분하여야 한다.

03

시장(구를 두지 아니한 시의 시장을 말한다)·군수 또는 구청장은 처분의무 기간에 처분 대상 농지를 처분하지 아니한 농지 소유자에게 6개월 이내에 그 농지를 처분할 것을 명할 수 있다.

04

농지소유자는 농지의 처분명령을 받으면 한국농어촌공사에 그 농지의 매수를 청구할 수 있다.

05

한국농어촌공사는 매수청구를 받으면 공시지가를 기준으로 해당 농지를 매수할 수 있다. 이 경우 인근 지역의 실제 거래 가격이 공시지가보다 낮으면 실제 거래 가격을 기준으로 매수할 수 있다.

06

시장·군수 또는 구청장은 농지의 처분명령을 이행하지 아니한 자에게 감정가격 또는 개별공시지가 중 더 높은 가액의 100분의 25에 해당하는 이행강제금을 부과한다.

07

시장·군수 또는 구청장은 최초로 처분명령을 한 날을 기준으로 하여 그 처분명령이 이행될 때까지 이행강제금을 매년 1회 부과·징수할 수 있다.

08

시장·군수 또는 구청장은 처분명령을 받은 자가 처분명령을 이행하면 새로운 이행강제금의 부과는 즉시 중지하되, 이미 부과된 이행강제금은 징수하여야 한다.

[대리경작제]

01

대리경작자의 지정예고에 대하여 이의가 있는 농지의 소유권 또는 임차권을 가진 자는 지정예고를 받은 날부터 10일 이내에 시장·군수 또는 구청장에게 이의를 신청할 수 있다.

02

농지의 대리경작자는 대리경작농지에서 경작한 농작물의 수확량의 100분의 10을 수확일부터 2월 이내에 그 농지의 소유권자나 임차권자에게 토지사용료로 지급하여야 한다. 이 경우 수령을 거부하거나 지급이 곤란한 경우에는 토지사용료를 공탁할 수 있다.

03

대리경작 기간은 따로 정하지 아니하면 3년으로 한다.

04

시장·군수 또는 구청장은 대리경작자가 경작을 게을리하는 경우에는 대리경작 기간이 끝나기 전이라도 대리경작자 지정을 해지할 수 있다.

[농지의 임대차 등]

01

농지의 임대차 기간은 3년 이상으로 하여야 한다. 다만, 농지의 임차인이 다년생식물의 재배로 이용하는 농지이거나 농작물의 재배시설로서 고정식온실 또는 비닐하우스를 설치한 농지의 경우에는 5년 이상으로 하여야 한다.

02

임대인이 임대차 기간이 끝나기 3개월 전까지 임차인에게 임대차계약을 갱신하지 아니한다는 뜻이나 임대차계약 조건을 변경한다는 뜻을 통지하지 아니하면 그 임대차 기간이 끝난 때에 이전의 임대차계약과 같은 조건으로 다시 임대차계약을 한 것으로 본다.

03

60세 이상인 사람으로서 농업경영에 더 이상 종사하지 않게 된 사람이거나 농업인이 소유하고 있는 농지 중에서 자기의 농업경영에 이용한 기간이 5년이 넘은 농지를 임대하거나 무상사용할 수 있다.

[농지의 보전]

01
시·도지사는 농지를 효율적으로 이용·보전하기 위하여 농업진흥지역을 지정한다. 또한 농업진흥지역은 농업진흥구역과 농업보호구역으로 구분하여 지정할 수 있다.

02
농업진흥구역의 용수원 확보, 수질보전 등 농업환경을 보호하기 위하여 필요한 지역을 대상으로 농업보호구역으로 지정한다.

03
농업진흥지역의 지정은 「국토의 계획 및 이용에 관한 법률」에 의한 녹지지역·관리지역·농림지역 및 자연환경보전지역을 대상으로 한다. 다만, 특별시의 녹지지역을 제외한다.

04
농업진흥지역의 농지를 소유하고 있는 농업인 또는 농업법인은 「한국농어촌공사 및 농지관리기금법」에 따른 한국농어촌공사에 그 농지의 매수를 청구할 수 있다.

05
한국농어촌공사는 매수 청구를 받으면 감정평가법인 등이 평가한 금액을 기준(감정가격)으로 해당 농지를 매수할 수 있다.

06
농지를 농업인 주택, 어업인 주택, 농축산업용 시설, 농수산물 유통·가공 시설의 부지로 전용하려는 자는 대통령령으로 정하는 바에 따라 시장·군수 또는 자치구 구청장에게 신고하여야 한다. 신고한 사항을 변경하려는 경우에도 또한 같다.

07
농지를 주(主)목적사업을 위하여 현장 사무소나 부대시설, 그 밖에 이에 준하는 시설을 설치하거나 물건을 적치(積置)하거나 매설(埋設)하는 용도로 일시 사용하려는 자는 대통령령으로 정하는 바에 따라 일정 기간 사용한 후 농지로 복구한다는 조건으로 시장·군수 또는 자치구 구청장의 허가(일시사용허가)를 받아야 한다.

08
「전기사업법」상 전기사업을 영위하기 위한 목적으로 태양에너지 발전설비를 설치하는 경우에는 대통령령으로 정하는 바에 따라 일정 기간 사용한 후 농지로 복구한다는 조건으로 시장·군수 또는 자치구 구청장의 허가(일시사용허가)를 받아야 한다.

08
농지를 썰매장, 지역축제장 등으로 일시적으로 사용하는 경우에는 농지로 원상복구한다는 조건으로 시장·군수 또는 자치구구청장에게 신고하여야 한다 (타용도 일시사용 신고대상).

09
농지보전부담금의 제곱미터당 금액은 「부동산 가격공시에 관한 법률」에 따른 해당 농지의 개별공시지가의 100분의 30으로 하되, 농업진흥지역과 농업진흥지역 밖의 농지를 차등하여 부과기준을 적용할 수 있다.

10
농지의 타용도일시사용허가를 받고자 하는 자는 농지보전부담금의 납부대상에 해당하지 아니한다. 즉 복구비를 예치하게 된다.

11
농림축산식품부장관은 농지보전부담금을 내야 하는 자가 납부기한까지 부담금을 내지 아니한 경우에는 납부기한이 지난 날부터 체납된 농지보전부담금의 100분의 3에 상당하는 금액을 가산금으로 부과한다.

12
전용허가 등을 받은 자가 관계 공사의 중지 등의 조치 명령을 위반한 경우에는 그 허가를 취소하여야 한다.

13

농지대장(農地臺帳)은 모든 농지에 대해 필지별로 작성한다.

14

농업진흥지역의 농지를 농지전용허가를 받지 아니하고 전용하거나 거짓이나 그 밖의 부정한 방법으로 농지전용허가를 받은 자는 5년 이하의 징역 또는 해당 토지의 개별공시지가에 따른 토지가액에 해당하는 금액 이하의 벌금에 처한다.

15

농지 소유 제한이나 제7조에 따른 농지 소유 상한을 위반하여 농지를 소유할 목적으로 거짓이나 그 밖의 부정한 방법으로 농지취득자격증명을 발급받은 자는 5년 이하의 징역 또는 해당 토지의 개별공시지가에 따른 토지가액(土地價額)에 해당하는 금액 이하의 벌금에 처한다.

"눈과 비는 구름에서 나오고 번개가 치면 반드시 천둥이 온다. 센 바람이 일어나면 파도 또한 거세어지고 바람이 없으면 바다도 잔잔하다"

시도하는 자 만이 성공이든 실패든 얻을 수 있습니다.

36회 공인중개사시험 꼭 합격을 기원합니다!

-명작공법 이 석 규 -